U0695828

传统文化 与 高中数学

王庆军 ◎ 主编

东北师范大学出版社

长 春

图书在版编目（CIP）数据

传统文化与高中数学 / 王庆军主编. — 长春：东北师范大学出版社，2020.10
ISBN 978-7-5681-7267-7

Ⅰ.①传… Ⅱ.①王… Ⅲ.①中学数学课—教学研究—高中 Ⅳ.①G633.602

中国版本图书馆CIP数据核字（2020）第195647号

□策划创意：刘　鹏
□责任编辑：邓江英　刘贝贝　　□封面设计：言之凿
□责任校对：刘彦妮　张小娅　　□责任印制：许　冰

东北师范大学出版社出版发行
长春净月经济开发区金宝街 118 号（邮政编码：130117）
电话：0431-84568115
网址：http：// www.nenup.com
北京言之凿文化发展有限公司设计部制版
北京政采印刷服务有限公司印装
北京市中关村科技园区通州园金桥科技产业基地环科中路 17 号（邮编：101102）
2022年6月第1版　2022年6月第1次印刷
幅面尺寸：170mm×240mm　印张：7　字数：121千

定价：45.00元

编 委 会

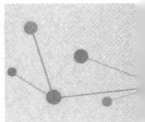

习近平总书记强调，要"认真汲取中华优秀传统文化的思想精华和道德精髓，使中华优秀传统文化成为涵养社会主义核心价值观的重要源泉". 2017 年版普通高中数学课程标准在课程目标中指出："认识数学的科学价值、应用价值、文化价值和审美价值". 传统文化是数学文化的重要组成部分，它有着重要的科学价值、应用价值、文化价值和审美价值，是培养学生数学核心素养不可或缺的资源，也是高考命题人首选的必考知识.

传统文化有着重要的地位，但传统文化在旧教材与新教材中所占篇幅较少，为弥补此项不足，也为广大高中数学教师提供传统文化的资源，我工作室成员经过一年多的努力工作，查阅了大量的资料，编著了《传统文化与高中数学》这本书，希望它能为高中数学教师提供一些帮助.

本书共分八章. 第一章是传统文化与函数、导数. 第二章是传统文化与三角相关问题，主要介绍以"欧拉公式""九章算术""赵爽弦图""割圆术""三斜公式""海伦公式"及以数学名人为背景的数学知识的应用问题. 第三章是传统文化与数列，对传统文化与等差数列、等比数列和数列通项相关的数学试题进行分类研讨. 第四章是传统文化与不等式，介绍传统文化在勾股弦图、勾股容方、均值不等式、伯努利不等式（Bernoulli inequality）与导数等几个方面的应用. 第五章是传统文化与立体几何，在这一章中指出了教学的导向，并为教学提供了丰富的、典例的案例与解析. 第六章是传统文化与圆锥曲线，本章详细介绍了传统文化在《四元玉鉴》、《九章算术》、嫦娥奔月、伏羲八卦、圆锥曲线论、理论联系实际等几个方面的应用. 第七章是传统文化与概率统计，对数学文化在概率、统计、"黄金分割""太极图""回文数"等几个方面分类研究. 第八章是传统文化与计数原理，主要讲述传统文化在两个基本计数原理、排列与组合、二项式定理等方面的应用.

限于水平和时间，书中肯定有许多不足之处，敬请读者提出宝贵的意见和建议.

王庆军
2018 年 12 月于深圳

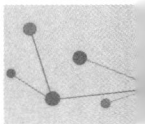

第一章　传统文化与函数、导数

第二章　传统文化与三角相关问题

第三章　传统文化与数列

第四章　传统文化与不等式

第五章　传统文化与立体几何

第六章　传统文化与圆锥曲线

第七章　传统文化与概率统计

传统文化与函数、导数

　　函数与导数在高考中一直占有很重要的地位，尤其导数更是解决函数问题的一个强有力的工具．关于导数的由来，就不得不提微积分的诞生．在数学文化历史中，17 世纪后期出现了一个崭新的数学分支——数学分析（微积分），它在数学领域中占据着主导地位．这种新数学的特点是非常成功地运用了无限过程的运算，即极限运算．而其中的微分和积分这两个过程则构成了微分学与积分学的核心．在数学的发展中，费马、伽利略、开普勒都对微积分的诞生作出过贡献，微积分的系统发展要归功于两位伟大的科学先驱——牛顿和莱布尼茨．他们成功地发现过去一直分别研究的微分和积分实际上是两个互逆的运算．恩格斯（F. Engles，德国，1820 – 1895）指出："在一切理论成就中，未必再有什么像 17 世纪下半叶微积分的发明那样被看作人类精神的最高胜利了."而作为教学指挥棒的高考，也在鼓励广大教师将传统文化融入数学教学中，甚至在高考中也经常出现与传统文化相关的试题，下面介绍一些渗透传统文化的函数与导数问题．

一、与数学文化有关的函数问题

　　例 1：中国传统文化中的很多内容体现了数学的对称美，如图 1 – 1 所示的太极图中央是由黑白两个鱼形纹组成的圆形图案，其充分展现了相互转化、对称统一的形式美与和谐美．给出定义：能够将圆 O 的周长和面积同时平分的函数称为这个圆的"太极函数"．则下列命题：

① 对于任意一个圆 O，其"太极函数"有无数个．

② 函数 $f(x) = \ln(x^2 + \sqrt{x^2 + 1})$ 可以是某个圆的"太极函数"．

③ 正弦函数 $y = \sin x$ 可以同时是无数个圆的"太极函数"．

图 1-1

④ 函数 $y = f(x)$ 是"太极函数"的充要条件为函数 $y = f(x)$ 的图像是中心对称图形. 其中正确的命题是_____ (写出所有正确命题的序号).

答案：①③.

解析：对于①，过圆心的任一直线都可以满足要求，所以对于任意一个圆 O，其"太极函数"有无数个，故①正确；对于②，函数 $f(x) = \ln(x^2 + \sqrt{x^2 + 1})$ 为偶函数，其不可能为圆的"太极函数"；对于③，正弦函数 $y = \sin x$ 是奇函数，只要将该圆的圆心放在函数 $y = \sin x$ 的对称中心上，则函数 $y = \sin x$ 即是该圆的"太极函数"，故有无数个圆成立，故③成立；对于④，若函数 $y = f(x)$ 的图像是中心对称图形，则函数 $y = f(x)$ 一定是"太极函数"；但函数 $y = f(x)$ 是"太极函数"，其图像不一定是中心对称图形. 故正确的命题是①③.

例2：如图 1-2 所示，太极图是由黑白两个鱼形纹组成的图案，俗称阴阳鱼，太极图展现了一种相互转化，相对统一的和谐美，定义能够将圆 O 的周长和面积同时等分成两部分的函数为圆 O 的一个"太极函数"，则下列有关说法中：

图 1-2

① 对于圆 O：$x^2 + y^2 = 1$ 的所有非常数函数的太极函数中，都不能为偶函数.

② 函数 $f(x) = \sin x + 1$ 是圆 O：$x^2 + (y-1)^2 = 1$ 的一个太极函数.

③ 直线 $(m+1)x - (2m+1)y - 1 = 0$ 所对应的函数一定是圆 O：$(x-2)^2 + (y-1)^2 = R^2$ ($R > 0$) 的太极函数.

④ 若函数 $f(x) = kx^3 - kx$ ($k \in \mathbf{R}$) 是圆 O：$x^2 + y^2 = 1$ 的太极函数，则 $k \in (-2, 2)$.

正确的说法是_____.

答案：②③④.

解析：①显然错误，如图 1－3 所示：

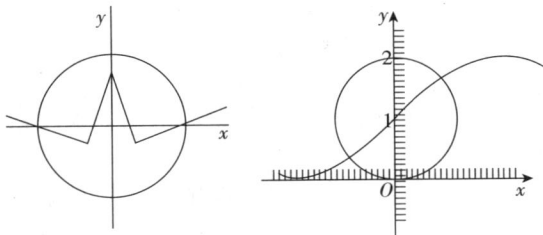

图 1－3

② 点（0，1）均为两曲线的对称中心，且 $f(x)=\sin x+1$ 能把圆 O：$x^2+(y-1)^2=1$ 一分为二，故正确. ③直线 $(m+1)x-(2m+1)y-1=0$ 恒过定点 $(2,1)$，即经过圆的圆心，满足题意，故正确. ④函数 $f(x)=kx^3-kx$（$k\in\mathbf{R}$）为奇函数，$\therefore\begin{cases}y=kx^3-kx\\x^2+y^2=1,\end{cases}$ 则 $k^2x^6-2k^2x^4+(1+k^2)x^2-1=0$，令 $t=x^2$，得 $k^2t^3-2k^2t^2+(1+k^2)t-1=0$，即 $(t-1)(k^2t^2-k^2t+1)=0$，$\therefore t=1$，即 $x=\pm1$. 对于 $k^2t^2-k^2t+1=0$，当 $k=0$ 时显然无解，当 $\begin{cases}k\neq0\\\Delta<0,\end{cases}$ 即 $0<k^2<4$ 时也无解，即 $k\in(-2,2)$ 时，两曲线仅有两个交点，函数能把圆一分为二，且周长和面积均等分. 当 $k=\pm2$ 时，函数图像与圆有四个交点；当 $k^2>4$ 时，函数图像与圆有六个交点，均不能把圆一分为二.

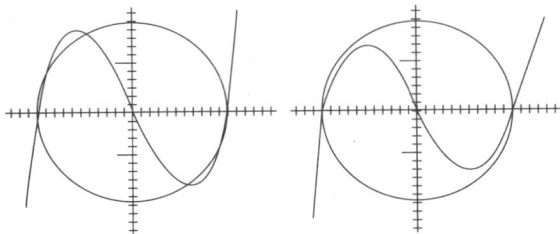

图 1－4

综上所述，故正确的是②③④.

二、与数学文化有关的导数问题

例3：牛顿切线法与数列问题：艾萨克·牛顿（1643 年 1 月 4 日—1727 年 3 月 31 日）是英国皇家学会会长，著名物理学家，同时在数学上也有很多杰出贡献，牛顿用"作切线"的方法求函数 $f(x)$ 零点时给出一个数列 $\{x_n\}$：满足 $x_{n+1} = x_n - \dfrac{f(x_n)}{f'(x_n)}$，我们把该数列称为牛顿数列. 如果函数 $f(x) = ax^2 + bx + c$ $(a>0)$ 有两个零点 1，2，数列 $\{x_n\}$ 为牛顿数列，设 $a_n = \ln \dfrac{x_n - 2}{x_n - 1}$，已知 $a_1 = 2$，$x_n > 2$，则 $\{a_n\}$ 的通项公式 $a_n = $ _____.

答案：$a_n = 2^n$.

解析：∵ 函数 $f(x) = ax^2 + bx + c$ $(a>0)$ 有两个零点 1，2，

∴ $\begin{cases} a+b+c=0, \\ 4a+2b+c=0, \end{cases}$ 解得 $\begin{cases} c=2a, \\ b=-3a. \end{cases}$

∴ $f(x) = ax^2 - 3ax + 2a$,

则 $f'(x) = 2ax - 3a$,

则 $x_{n+1} = x_n - \dfrac{ax_n^2 - 3ax_n + 2a}{2ax_n - 3a} = x_n - \dfrac{x_n^2 - 3x_n + 2}{2x_n - 3} = \dfrac{x_n^2 - 2}{2x_n - 3}$,

∴ $\dfrac{x_{n+1} - 2}{x_{n+1} - 1} = \dfrac{\dfrac{x_n^2 - 2}{2x_n - 3} - 2}{\dfrac{x_n^2 - 2}{2x_n - 3} - 1} = \dfrac{x_n^2 - 2 - 2(2x_n - 3)}{x_n^2 - 2 - (2x_n - 3)} = \left(\dfrac{x_n - 2}{x_n - 1} \right)^2$,

则 $\ln \dfrac{x_n - 2}{x_n - 1}$ 是以 2 为公比的等比数列，∵ $a_n = \ln \dfrac{x_n - 2}{x_n - 1}$，且 $a_1 = 2$，∴ $\{a_n\}$ 是以 2 为首项，2 为公比的等比数列，∴ $a_n = 2 \times 2^{n-1} = 2^n$.

例4：中国古代名词"刍童"原来是草堆的意思，古代用它作为长方棱台（上、下底面均为矩形的棱台）的专用术语. 关于"刍童"体积计算的描述，《九章算术》注曰："倍上袤，下袤从之. 亦倍下袤，上袤从之，各以其广乘之，并以高若深乘之，皆六而一." 其计算方法是：将上底面的长乘二，与下底面的长相加，再与上底面的宽相乘；将下底面的长乘二，与上底面的长相加，再与下底面的宽相乘；把这两个数值相加，与高相乘，再取其六分之一，以此算法，现有上、下底面为相似矩形的棱台，相似比为 $\dfrac{1}{2}$，高为 3，且上底面的

周长为 6，则该棱台的体积的最大值是（　　）

A. 14 　　　　 B. 56 　　　　 C. $\dfrac{63}{4}$ 　　　　 D. 63

答案：C.

解析：设上底面的长为 x，则宽为 $3-x$．因为相似比为 $\dfrac{1}{2}$，所以下底面的长为 $2x$，宽为 $6-2x$，由题意得棱台的体积为 $V=\dfrac{1}{6}\left[\left(2x+2x\right)\left(3-x\right)+\right.$ $\left.(4x+x)(6-2x)\right]\times 3=-7x^2+21x$，所以当 $x=-\dfrac{21}{-14}=\dfrac{3}{2}$ 时，$V_{\max}=-7\times$ $\left(\dfrac{3}{2}\right)^2+21\times\dfrac{3}{2}=\dfrac{63}{4}$，故选 C. 当然也可以用导数法求解.

例 5：（2017 年石家庄模拟）在《九章算术》中，将四个面都是直角三角形的四面体称为鳖臑，如图 1-5 所示，在鳖臑 $A-BCD$ 中，$AB\perp$ 平面 BCD，且 $BD\perp CD$，$AB=BD=CD$，点 P 在棱 AC 上运动，设 CP 的长度为 x，若 $\triangle PBD$ 的面积为 $f(x)$，则 $f(x)$ 的图像大致是（　　）

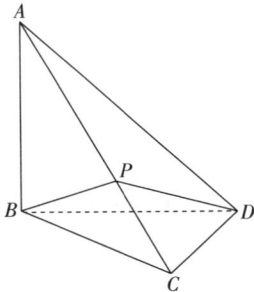

图 1-5

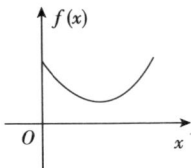

A

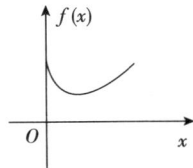

B

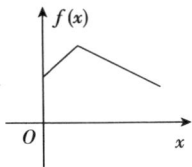

C

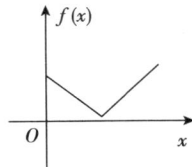

D

答案：A.

解析： 如图 $1-6$ 所示，作 $PQ \perp BC$ 于 Q，作 $QR \perp BD$ 于 R，连接 PR，则由鳖臑的定义知，$PQ /\!/ AB$，$QR /\!/ CD$. 设 $AB = BD = CD = 1$，则 $\dfrac{CP}{AC} = \dfrac{x}{\sqrt{3}} = \dfrac{PQ}{1}$，即

$PQ = \dfrac{x}{\sqrt{3}}$，又 $\dfrac{QR}{1} = \dfrac{BQ}{BC} = \dfrac{AP}{AC} = \dfrac{\sqrt{3}-x}{\sqrt{3}}$，所以 $QR = \dfrac{\sqrt{3}-x}{\sqrt{3}}$，所以 $PR = \sqrt{PQ^2 + QR^2} =$

$\sqrt{\left(\dfrac{x}{\sqrt{3}}\right)^2 + \left(\dfrac{\sqrt{3}-x}{\sqrt{3}}\right)^2} = \dfrac{\sqrt{3}}{3}\sqrt{2x^2 - 2\sqrt{3}x + 3}$，所以 $f(x) = \dfrac{\sqrt{3}}{6}\sqrt{2x^2 - 2\sqrt{3}x + 3} = \dfrac{\sqrt{6}}{6}$

$\sqrt{\left(x - \dfrac{\sqrt{3}}{2}\right)^2 + \dfrac{3}{4}}$，故选 A. 当然也可以用导数法求解.

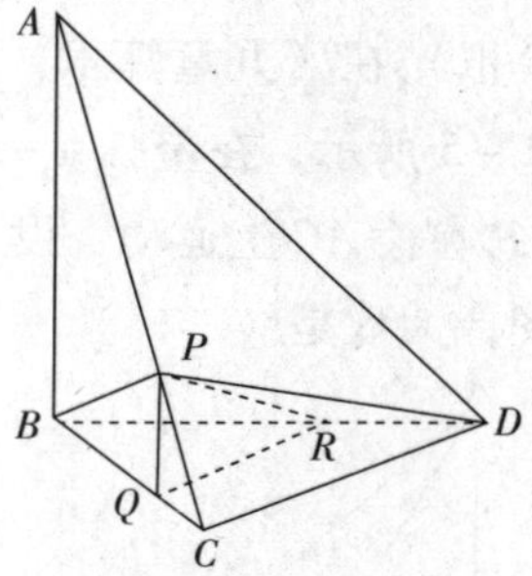

图 $1-6$

例 6： 我国古代数学名著《九章算术》对立体几何也有深入的研究，从其中的一些数学用语可见，譬如"堑堵"意指底面为直角三角形，且侧棱垂直于底面的三棱柱，"阳马"指底面为矩形且有一侧棱垂直于底面的四棱锥. 现有一如图 $1-7$ 所示的"堑堵"，即三棱柱 $ABC - A_1B_1C_1$，其中 $AC \perp BC$，若 $AA_1 = AB = 2$，当"阳马"即四棱锥 $B - A_1ACC_1$ 体积最大时，"堑堵"即三棱柱 $ABC - A_1B_1C_1$ 外接球的体积为（　　）

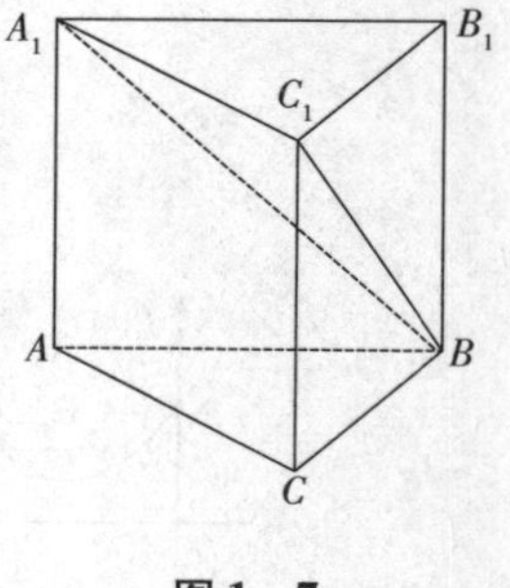

图 $1-7$

A. $\dfrac{4\sqrt{2}}{3}\pi$

B. $\dfrac{8\sqrt{2}}{3}\pi$

C. $\dfrac{16}{3}\pi$

D. $\dfrac{4}{3}\pi$

答案：B.

解析:

法一: 设 $AC = m$, 则 $BC = \sqrt{4-m^2}$, $V_{B-A_1ACC_1} = \frac{1}{3} \times 2m \times \sqrt{4-m^2} = \frac{2}{3}m$

$\sqrt{4-m^2} = \frac{2}{3}\sqrt{m^2(4-m^2)} = \frac{2}{3}\sqrt{-(m^2-2)^2+4}$, 所以当 $m^2 = 2$, 即 $m = \sqrt{2}$

时, 体积最大, 所以 $AC = BC = \sqrt{2}$, 外接球的直径 $2R = \sqrt{AC^2 + BC^2 + CC_1^2} = \sqrt{8}$

$= 2\sqrt{2}$, 所以 $R = \sqrt{2}$, $V_{球} = \frac{4}{3}\pi R^3 = \frac{8\sqrt{2}}{3}\pi$, 故选 B.

法二: 设 $AC = m$, 则 $BC = \sqrt{4-m^2}$, $V_{B-A_1ACC_1} = \frac{1}{3} \times 2m \times \sqrt{4-m^2} = \frac{2}{3}m$

$\sqrt{4-m^2} \cdot m\sqrt{4-m^2} = \sqrt{m^2(4-m^2)} \leqslant \frac{m^2 + (4-m^2)}{2} = 2$, 当且仅当 $m^2 = 4 -$

m^2, 即当 $m = \sqrt{2}$ 时, 体积最大, 所以 $AC = BC = \sqrt{2}$, 外接球的直径 $2R =$

$\sqrt{AC^2 + BC^2 + CC_1^2} = \sqrt{8} = 2\sqrt{2}$, 所以 $R = \sqrt{2}$, $V_{球} = \frac{4}{3}\pi R^3 = \frac{8\sqrt{2}}{3}\pi$, 故选 B. 当然

也可以用导数法求解.

例 7: (2017 届江苏省如东高级中学高三 2 月摸底考试) 某湿地公园内有一条河, 现打算建一座桥将河两岸的路连接起来, 剖面设计图纸如图 1-8 所示:

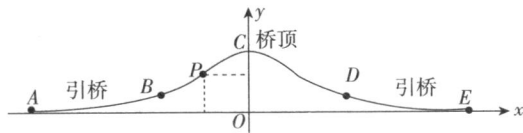

图 1-8

其中, 点 A, E 为 x 轴上关于原点对称的两点, 曲线段 BCD 是桥的主体, C 为桥顶, 且曲线段 BCD 在图纸上的图形对应函数的解析式为 $y = \frac{8}{4+x^2}$ ($x \in$ $[-2, 2]$), 曲线段 AB, DE 均为开口向上的抛物线段, 且 A, E 分别为两抛物线的顶点, 设计时要求: 保持两曲线在各衔接处 (B, D) 的切线的斜率相等.

(1) 求曲线段 AB 在图纸上对应函数的解析式, 并写出定义域.

(2) 车辆从 A 经 B 到 C 爬坡, 定义车辆上桥过程中某点 P 所需要的爬坡能力

为 M_p = 该点 P 与桥顶间的水平距离 × 设计图纸上该点处的切线的斜率, 其中 M_p 的单位为米. 若该景区可提供三种类型的观光车: ①游客踏乘; ②蓄电池动力; ③内燃机动力. 它们的爬坡能力分别为 0.8 米, 1.5 米, 2.0 米, 又已知图纸上一个单位长度表示实际长度 1 米, 试问三种类型的观光车是否都可以顺利过桥?

解析:

(1) 据题意, 抛物线段 AB 与 x 轴相切, 且 A 为抛物线的顶点, 设 A $(a,$ $0)$ $(a < -2)$, 则抛物线段 AB 在图纸上对应函数的解析式可设为 $y = \lambda (x-a)^2$

$(a \leqslant x \leqslant -2, \lambda > 0)$, 因为 B 点为衔接点, 则 $\begin{cases} \lambda (-2-a)^2 = 1, \\ 2\lambda (-2-a) = \dfrac{1}{2}, \end{cases}$ 解得

$\begin{cases} a = -6, \\ \lambda = \dfrac{1}{16}, \end{cases}$ 所以曲线段 AB 在图纸上对应函数的解析式为 $y = \dfrac{1}{16}(x+6)^2$ $(-6 \leqslant$

$x \leqslant -2)$.

(2) 设 P (x, y) 是曲线段 AC 上任意一点, 分别求 P 在 AB 和 BC 两段上时函数的最大值. 若 P 在曲线段 AB 上, 则通过该点所需要的爬坡能力 $(M_p)_1 =$

$(-x) \cdot \dfrac{1}{8} (x+6) = -\dfrac{1}{8} [(x+3)^2 - 9]$ $(-6 \leqslant x \leqslant -2)$, 利用二次函数求其最

大值 $[(M_p)_1]_{\max} = \dfrac{9}{8}$ (米). 若 P 在曲线段 BC 上, 则通过该点所需要的爬坡能力

$(M_p)_2 = (-x) \cdot \dfrac{-16x}{(4+x^2)^2} = \dfrac{16x^2}{(4+x^2)^2}$ $(-2 \leqslant x \leqslant 0)$, 令 $t = x^2$, $t \in [0, 4]$,

换元法求其最大值, $[(M_p)_2]_{\max} = 1$ (米), 所以可知车辆过桥所需要的最大爬坡能力为 $\dfrac{9}{8}$ 米, 又因为 $0.8 < \dfrac{9}{8} < 1.5 < 2$, 所以 "游客踏乘" 的车辆不能顺利通过该桥, 而 "蓄电池动力" 和 "内燃机动力" 的车辆可以顺利通过该桥. 本题当然也可以用导数法求解.

第 二 章

传统文化与三角相关问题

就三角函数与解三角形来说，以人教版教材为例，通过目录，我们很容易发现数学史在三角函数与解三角形的应用体现在两个地方：必修 4 第一章中的阅读与思考"三角学与天文学"和必修 5 第一章中的阅读与思考"海伦和秦九韶"．而事实上，关于数学史，在教材上第 7 页右侧还有一个注解，解释了正弦表和弧度制的由来．所以，在三角函数与解三角形的考查过程中最容易与传统文化相结合．

一、以"欧拉公式"为背景

欧拉公式 $e^{ix} = \cos x + i\sin x$ 是由瑞士著名数学家欧拉发明的，它将指数函数的定义域扩大到复数，建立了三角函数和指数函数之间的关系，它在复变函数论里占有非常重要的地位，被誉为"数学中的天桥"．以此为背景，可以对三角函数相关知识进行考查．

例 1：（2016 年湖北八校联考）欧拉公式 $e^{ix} = \cos x + i\sin x$（i 为虚数单位）是由瑞士著名数学家欧拉发明的，它将指数函数的定义域扩大到复数，建立了三角函数和指数函数的关系，它在复变函数论里占有非常重要的地位，被誉为"数学中的天桥"，根据欧拉公式可知，e^{2i} 表示的复数在复平面中位于（   ）

A. 第一象限   B. 第二象限   C. 第三象限   D. 第四象限

答案：B.

分析：欧拉公式 $e^{ix} = \cos x + i\sin x$ 把三角函数和指数函数联系在一起，是复变函数中最重要的公式，并且如果令 $x = \pi$，得到 $e^{\pi i} + 1 = 0$，这个公式把数学中最重要的五个数 e，π，i，1，0 联系在一起，可以说是数学中最"美"的公式之一．

解析：因为 $e^{2i} = \cos2 + i\sin2$，复平面内对应点为（$\cos2$，$\sin2$），

由于 $\dfrac{\pi}{2} < 2 < \pi$，

因此 $\cos2 < 0$，$\sin2 > 0$，点（$\cos2$，$\sin2$）在第二象限，故选 B.

例 2：欧拉公式 $e^{ix} = \cos x + i\sin x$ 是由瑞士著名数学家欧拉发明的，它将指数函数的定义域扩大到复数，建立了三角函数和指数函数之间的关系，它在复变函数论里占有非常重要的地位，被誉为"数学中的天桥". 根据欧拉公式，复数 $e^{\frac{\pi}{4}i} \cdot e^{\frac{3\pi}{4}i} + (1+i)^2$ 的虚部是（   ）

A．-1 B．1   C．-2 D．2

答案：D.

解析：依题意得，$e^{\frac{\pi}{4}i} \cdot e^{\frac{3\pi}{4}i} + (1+i)^2 = \left(\cos\dfrac{\pi}{4} + i\sin\dfrac{\pi}{4}\right)\left(\cos\dfrac{3\pi}{4} + i\sin\dfrac{3\pi}{4}\right) + 2i = -1 + 2i$，其虚部是 2，选 D.

二、以"九章算术"为背景

《九章算术》是中国古代第一部数学专著，是《算经十书》中最重要的一种，成书于公元一世纪左右. 该书内容十分丰富，系统总结了战国、秦汉时期的数学成就. 同时，《九章算术》在数学上还有其独特的地位，不仅最早提到分数问题，也首先记录了盈不足等问题，《方程》章还在世界数学史上首次阐述了负数及其加减运算法则. 它是一本综合性的古代数学著作，是当时世界上最简练有效的应用数学，它的出现标志着中国古代数学形成了完整的体系. 所以，在这一部分最能体现我国数学传统文化的优越性.

例 3：（2017 湖北荆州）《九章算术》中的"折竹抵地"问题：今有竹高一丈，末折抵地，去根六尺. 问折者高几何？意思是：一根竹子，原高一丈（一丈 =10 尺），一阵风将竹子折断，其竹梢恰好抵地，抵地处离竹子底部 6 尺远，问折断处离地面的高度是多少？设折断处离地面的高度为 x 尺，则可列方程为（   ）

A．$x^2 - 6 = (10 - x)^2$ B．$x^2 - 6^2 = (10 - x)^2$

C．$x^2 + 6 = (10 - x)^2$ D．$x^2 + 6^2 = (10 - x)^2$

答案：D.

解析：如图 2-1 所示：

设折断处离地面的高度为 x 尺，则 $AB = 10 - x$，$BC = 6$，

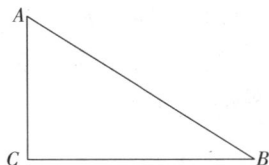

图 2 - 1

在 Rt△ABC 中，$AC^2 + BC^2 = AB^2$，

即 $x^2 + 6^2 = (10 - x)^2$.

故选 D.

例4：（2018 广东惠州高三 4 月模拟）如图2 - 2 所示，《九章算术》中记载了一个"折竹抵地"问题：今有竹高一丈，末折抵地，去根三尺，问折者高几何？意思是：有一根竹子，原高一丈（1 丈 = 10 尺），现被风折断，尖端落在地上，竹尖与竹根的距离为三尺，问折断处离地面的高为（　　　）尺

图 2 - 2

A. 5. 45　　　　　B. 4. 55　　　　　C. 4. 2　　　　　D. 5. 8

答案：B.

解析：如图 2 - 3 所示，已知 $AC + AB = 10$，$BC = 3$，$AB^2 - AC^2 = BC^2 = 9$，

∴ $(AB + AC)(AB - AC) = 9$，解得 $AB - AC = 0.9$，

∴ $\begin{cases} AB + AC = 10, \\ AB - AC = 0.9, \end{cases}$ 解得 $\begin{cases} AB = 5.45, \\ AC = 4.55. \end{cases}$

∴ 折断后的竹竿子高 4. 55 尺. 故选 B.

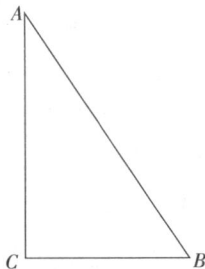

图 2 - 3

例 5：（2017 年湖北宜昌）阅读：能够成为直角三角形三条边长的三个正整数 a，b，c 称为勾股数. 世界上第一次给出勾股数通解公式的是我国古代数学著作《九章算术》，其勾股数组公式为

$$\begin{cases} a = \dfrac{1}{2}(m^2 - n^2), \\ b = mn, \\ c = \dfrac{1}{2}(m^2 + n^2), \end{cases} \quad 其中\ m > n > 0，m，n\ 是互质的奇数.$$

应用：当 $n = 1$ 时，求有一边长为 5 的直角三角形的另外两条边长.

答案：12，13 或 3，4.

分析：由 $n = 1$，得到 $a = \dfrac{1}{2}(m^2 - 1)$ ①，$b = m$ ②，$c = \dfrac{1}{2}(m^2 + 1)$ ③，根据直角三角形有一边长为 5，列方程即可得到结论.

解：当 $n = 1$，$a = \dfrac{1}{2}(m^2 - 1)$ ①，$b = m$ ②，$c = \dfrac{1}{2}(m^2 + 1)$ ③，

∵ 直角三角形有一边长为 5，

∴ 当 $a = 5$ 时，$\dfrac{1}{2}(m^2 - 1) = 5$，解得，$m = \pm\sqrt{11}$（舍去）；

当 $b = 5$ 时，即 $m = 5$，代入①③得，$a = 12$，$c = 13$；

当 $c = 5$ 时，$\dfrac{1}{2}(m^2 + 1) = 5$，解得，$m = \pm 3$，

∵ $m > 0$，

∴ $m = 3$，代入①②得，$a = 4$，$b = 3$，

综上所述，直角三角形的另外两条边长分别为 12，13 或 3，4.

例 6：（南昌市 2017 - 2018 学年度高三第二轮复习测试卷文数）《九章算术》是我国古代著名数学经典. 其中对勾股定理的论述比西方早一千多年，其中有这样一个问题："今有圆材埋在壁中，不知大小. 以锯锯之，深一寸，锯道长一尺. 问径几何？"其意思为：今有一圆柱形木材，埋在墙壁中，不知其大小，用锯去锯该材料，锯口深 1 寸，锯道长 1 尺. 问这块圆柱形木料的直径是多少？长为 1 丈的圆柱形木材部分镶嵌在墙体中，截面图如图 2 - 4 所示（阴影部分为镶嵌在墙体内的部分）. 已知弦 $AB = 1$ 尺，弓形高 $CD = 1$ 寸，估算该木材镶嵌在墙中的体积约为（　　　）

$\left(注：1\ 丈 = 10\ 尺 = 100\ 寸，\pi \approx 3.14，\sin 22.5° \approx \dfrac{5}{13}\right)$

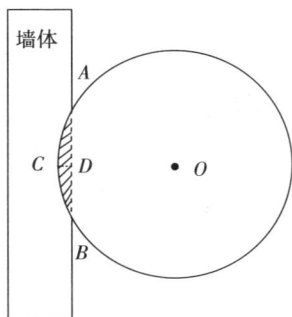

图 2 － 4

A. 600 立方寸　　　B. 610 立方寸　　　C. 620 立方寸　　　D. 633 立方寸

答案： D.

解析： 如果 2 － 5 所示，连接 OA，OB，OD，设 ⊙O 的半径为 R，则（R － 1）^{2} ＋ 5^2 ＝ R^2，所以 $R = 13$.

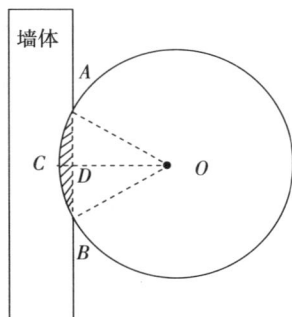

图 2 － 5

由于 $\sin \angle AOD = \dfrac{AD}{R} = \dfrac{5}{13}$，所以 $\angle AOD = 22.5°$，即 $\angle AOB = 45°$.

所以 $S_{弓形ACB} = S_{扇形OACB} - S_{\triangle OAB} = \dfrac{45\pi \times 13^2}{360} - \dfrac{1}{2} \times 10 \times 12 \approx 6.33$ 平方寸.

∴ 该木材镶嵌在墙中的体积为 $V = S_{弓形ACB} \times 100 \approx 633$ 立方寸，

故选 D.

例 7：（沈阳市 2018 届高三教学质量监测（一）数学理）刘徽是一个伟大的数学家，他的杰作《九章算术注》和《海岛算经》是中国最宝贵的文化遗产，他所提出的割圆术可以估算圆周率 π，理论上能把 π 的值计算到任意的精度．割圆术的第一步是求圆的内接正六边形的面积．若在圆内随机取一点，则此点取自该圆内接正六边形的概率是（　　　）

A. $\dfrac{3\sqrt{3}}{4\pi}$ B. $\dfrac{3\sqrt{3}}{2\pi}$ C. $\dfrac{1}{2\pi}$ D. $\dfrac{1}{4\pi}$

答案：B.

解析：设圆的半径为 R，则圆的内接正六边形可以分解为 6 个全等的三角形，且每个三角形的边长为 R，据此可得，圆的面积为 $S_1 = \pi R^2$，其内接正六边形的面积为 $S_2 = 6 \times \left(\dfrac{1}{2} \times R^2 \times \sin 60° \right) = \dfrac{3\sqrt{3}}{2} R^2$，利用几何概型计算公式可得，此点取自该圆内接正六边形的概率是 $P = \dfrac{S_2}{S_1} = \dfrac{3\sqrt{3}}{2\pi}$.

故选 B 选项.

点睛：数形结合为几何概型问题的解决提供了简便直观的解法. 数形结合解题的关键：用图形准确表示出试验的全部结果所构成的区域，由题意将已知条件转化为事件 A 满足的不等式，在图形中画出事件 A 发生的区域，然后据此求解几何概型即可.

例8：[辽宁省葫芦岛市 2017 届高三第二次模拟考试 5 月数学试题（理科）]《数书九章》是中国南宋时期杰出数学家秦九韶的著作，全书十八卷共八十一个问题，分为九类，每类九个问题，《数书九章》中记录了秦九韶的许多创造性成就，其中在卷五"三斜求积"中提出了已知三角形三边 a，b，c 求面积的公式，这与古希腊的海伦公式完全等价，其求法是："以小斜幂并大斜幂减中斜幂，余半之，自乘于上，以小斜幂乘大斜幂减上，余四约之，为实，一为从隅，开平方得积."若把以上这段文字写成公式，即 $S = \sqrt{\dfrac{1}{4}\left[c^2 a^2 - \left(\dfrac{c^2 + a^2 - b^2}{2} \right)^2 \right]}$，现有周长为 $10 + 2\sqrt{7}$ 的 $\triangle ABC$ 满足 $\sin A : \sin B : \sin C = 2 : 3 : \sqrt{7}$，则用以上给出的公式求得 $\triangle ABC$ 的面积为（　　　）

A. $6\sqrt{3}$ B. $4\sqrt{7}$ C. $8\sqrt{7}$ D. 12

答案：A.

解析：因为 $\sin A : \sin B : \sin C = 2 : 3 : \sqrt{7}$，所以由正弦定理得，$a : b : c = 2 : 3 : \sqrt{7}$，又 $\because \triangle ABC$ 的周长为 $10 + 2\sqrt{7}$，所以可得 $a = 4$，$b = 6$，$c = 2\sqrt{7}$，$\therefore \triangle ABC$ 的面积为

$$S = \sqrt{\dfrac{1}{4} \times \left(c^2 a^2 - \left(\dfrac{c^2 + a^2 - b^2}{2} \right)^2 \right)}$$

$$= \sqrt{\frac{1}{4} \times \left(\left(2\sqrt{7} \right)^2 \times 4^2 - \left(\frac{\left(2\sqrt{7} \right)^2 + 4^2 - 6^2}{2} \right)^2 \right)} = 6\sqrt{3}$$ ，故选 A.

例 9：［江西省南昌市第三中学 2017 – 2018 学年度上学期高二期末考试数学（理）试题］在我国古代数学名著《九章算术》中，将四个面都为直角三角形的四面体称为鳖臑，如图 2 – 6 所示，在鳖臑 $A - BCD$ 中，$AB \perp$ 平面 BCD，且 $AB = BC = CD$，则异面直线 AC 与 BD 所成角的余弦值为（　　　）

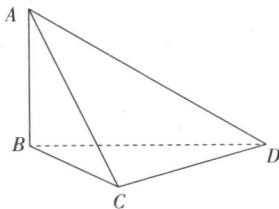

图 2 – 6

A. $\dfrac{1}{2}$　　　　B. $-\dfrac{1}{2}$　　　　C. $\dfrac{\sqrt{3}}{2}$　　　　D. $-\dfrac{\sqrt{3}}{2}$

答案：A.

解析：如图 2 – 7 所示，分别取 BC，CD，AD，BD 的中点 M，N，P，Q，连接 MN，NP，PM，PQ，

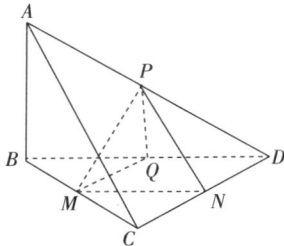

图 2 – 7

则 $MN /\!/ BD$，$NP /\!/ AC$，

$\therefore \angle PNM$ 即为异面直线 AC 和 BD 所成的角（或其补角）.

又由题意得，$PQ \perp MQ$，$PQ = \dfrac{1}{2}AB$，$MQ = \dfrac{1}{2}CD$.

设 $AB = BC = CD = 2$，则 $PM = \sqrt{2}$.

又 $MN = \dfrac{1}{2}BD = \sqrt{2}$，$NP = \dfrac{1}{2}AC = \sqrt{2}$，

∴ △PNM 为等边三角形，∴ ∠PNM = 60°，

∴ 异面直线 AC 与 BD 所成的角为 60°，其余弦值为 $\frac{1}{2}$．故选 A．

点睛：用几何法求空间角时遵循"一找、二证、三计算"的步骤，即首先根据题意作出所求的角，并给出证明，然后将所求的角转化为三角形的内角．解题时要注意空间角的范围，并结合解三角形的知识得到所求角的大小或其三角函数值．

例 10：（2016 届云南师范大学附属中学高考适应性月考卷 – 文科数学）《九章算术》中，将四个面都为直角三角形的四面体称之为鳖臑，如图 2 – 8 所示，在鳖臑 P – ABC 中，PA⊥平面 ABC，AB⊥BC，且 AP = AC = 1，过 A 点分别作 AE⊥PB 于 E，AF⊥PC 于 F，连接 EF，当 △AEF 的面积最大时，tan∠BPC 的值是（　　）

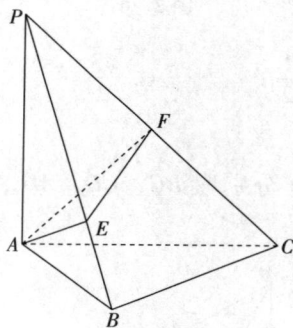

图 2 – 8

A. $\sqrt{2}$ B. $\frac{\sqrt{2}}{2}$ C. $\sqrt{3}$ D. $\frac{\sqrt{3}}{3}$

答案：B.

解析：显然 BC⊥平面 PAB，则 BC⊥AE.

又 PB⊥AE，则 AE⊥平面 PBC，于是 AE⊥EF，且 AE⊥PC，

结合条件 AF⊥PC 得，PC⊥平面 AEF，所以 △AEF 和 △PEF 均为直角三角形，

由已知得，$AF = \frac{\sqrt{2}}{2}$，

而 $S_{\triangle AEF} = \frac{1}{2} AE \times EF \leqslant \frac{1}{4}(AE^2 + EF^2) = \frac{1}{4}(AF)^2 = \frac{1}{8}$，

当且仅当 AE = EF 时，取"="，

所以，当 $AE = EF = \dfrac{1}{2}$ 时，$\triangle AEF$ 的面积最大，

此时 $\tan \angle BPC = \dfrac{EF}{PF} = \dfrac{\dfrac{1}{2}}{\dfrac{\sqrt{2}}{2}} = \dfrac{\sqrt{2}}{2}$，故选 B.

例 11：（2017 四川眉山）"今有井径五尺，不知其深，立五尺木于井上，从木末望水岸，入径四寸，问井深几何？"这是我国古代数学《九章算术》中的"井深几何"问题，它的题意可以由图 2－9 得到，则井深为（　　　）

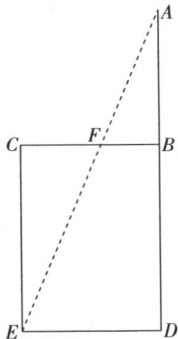

图 2－9

A. 1. 25 尺　　　　B. 57. 5 尺　　　　C. 62. 5 尺　　　　D. 56. 5 尺

答案：B.

解析：如图 2－10 所示，依题意有 $\triangle ABF \backsim \triangle ADE$，

$\therefore AB : AD = BF : DE$，即 $5 : AD = 0.4 : 5$，

解得 $AD = 62.5$，$BD = AD - AB = 62.5 - 5 = 57.5$ 尺.

故选 B.

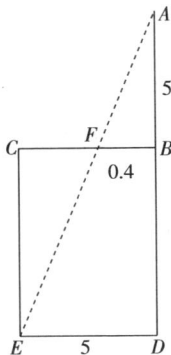

图 2－10

例12：《九章算术》是我国古代数学成就的杰出代表作，其中《方田》章给出计算弧田面积所用的经验公式：弧田面积 $=\frac{1}{2}$（弦×矢＋矢^2），如图2－11所示，弧田由圆弧和其所对弦所围成，公式中"弦"指圆弧所对弦长，"矢"等于半径长与圆心到弦的距离之差，现有圆心角为 $\frac{2}{3}\pi$，半径等于4米的弧田，按照上述经验公式计算所得弧田面积约是（　　　）

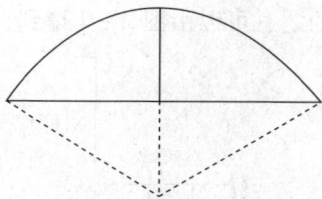

图 2－11

A. 6 平方米　　　　B. 9 平方米　　　　C. 12 平方米　　　　D. 15 平方米

答案： B.

解析： 如图 2－12 所示：

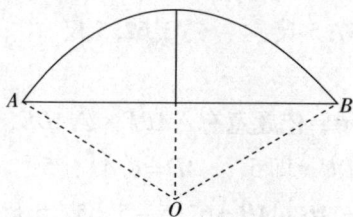

图 2－12

∵ 圆心角为 $\frac{2}{3}\pi$，∴ $\angle AOB = \frac{2}{3}\pi$，又因为 $\triangle AOB$ 为等腰三角形，所以"弦"长为 $4\sqrt{3}$，圆心到弦的距离为2，即"矢"为2，代入公式得弧田面积 $=\frac{1}{2}$（弦 ×矢＋矢^2）$=\frac{1}{2}(4\sqrt{3}\times 2+2^2)=4\sqrt{3}+2\approx 9$，故选 B.

三、以"赵爽弦图"为背景

我国汉代数学家赵爽为了证明勾股定理，创制了一幅"弦图"，后人称其为"赵爽弦图",如图 2 – 13 所示. 图 2 – 14 由弦图变化得到,它是由八个全等的直角三角形拼接而成. 第 24 届国际数学家大会会标是以我国古代数学家赵爽的弦图为基础进行设计的.

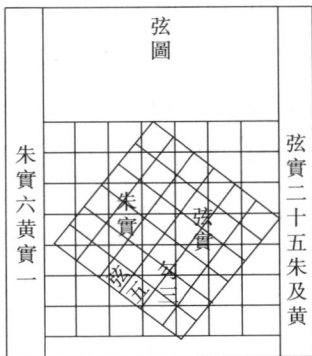

图 2 – 13

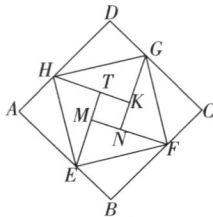

图 2 – 14

例 13:第 24 届国际数学家大会会标是以我国古代数学家赵爽的弦图为基础进行设计的. 如图 2 – 15 所示,会标是由四个全等的直角三角形与一个小正方形拼成的一个大正方形. 如果小正方形的面积为 1,大正方形的面积为 25,直角三角形中较大的锐角为 θ,那么 $\tan\left(\theta+\dfrac{\pi}{4}\right)=$ _____.

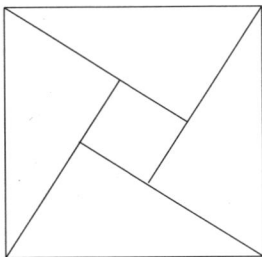

图 2 – 15

答案:-7.

解析:依题意得,大、小正方形的边长分别是 5,1,于是有 $5\sin\theta-5\cos\theta=1$ $\left(0<\theta<\dfrac{\pi}{2}\right)$,即有 $\sin\theta-\cos\theta=\dfrac{1}{5}$.

从而 $(\sin\theta+\cos\theta)^2=2-(\sin\theta-\cos\theta)^2=\dfrac{49}{25}$,则 $\sin\theta+\cos\theta=\dfrac{7}{5}$,

因此 $\sin\theta = \dfrac{4}{5}$，$\cos\theta = \dfrac{3}{5}$，$\tan\theta = \dfrac{4}{3}$，

故 $\tan\left(\theta + \dfrac{\pi}{4}\right) = \dfrac{\tan\theta + 1}{1 - \tan\theta} = -7$.

例 14：（2018 河北保定高三一模）2002 年国际数学家大会在北京召开，会标是以我国古代数学家赵爽的弦图为基础设计的. 弦图是由四个全等的直角三角形与一个小正方形拼成的一个大正方形，如图 2 - 16 所示. 如果小正方形的边长为 2，大正方形的边长为 10，且直角三角形中较小的锐角为 θ，则 $\sin\left(\theta + \dfrac{\pi}{2}\right) - \cos\left(\theta + \dfrac{\pi}{3}\right)$ 等于（   ）

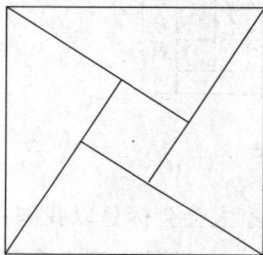

图 2 - 16

A. $\dfrac{4 + 3\sqrt{3}}{10}$ B. $\dfrac{4 - 3\sqrt{3}}{10}$ C. $\dfrac{-4 + 3\sqrt{3}}{10}$ D. $\dfrac{-4 - 3\sqrt{3}}{10}$

答案：A.

解析：设直角三角形中较小的直角边长为 a，

则 $a^2 + (a + 2)^2 = 10^2$，$\therefore a = 6$，$\therefore \sin\theta = \dfrac{6}{10} = \dfrac{3}{5}$，$\cos\theta = \dfrac{8}{10} = \dfrac{4}{5}$，

$\sin\left(\theta + \dfrac{\pi}{2}\right) - \cos\left(\theta + \dfrac{\pi}{3}\right) = \cos\theta - \dfrac{1}{2}\cos\theta + \dfrac{\sqrt{3}}{2}\sin\theta = \dfrac{1}{2}\cos\theta + \dfrac{\sqrt{3}}{2}\sin\theta = \dfrac{1}{2} \times \dfrac{4}{5} +$

$\dfrac{\sqrt{3}}{2} \times \dfrac{3}{5} = \dfrac{4 + 3\sqrt{3}}{10}$.

例 15：如图 2 - 17 所示是我国古代数学家赵爽的弦图，它是由四个全等的直角三角形与一个小正方形拼成的一个大正方形，如果小正方形的面积为 4，大正方形的面积为 100，直角三角形中较小的锐角为 α，则 $\tan\alpha = $ _____.

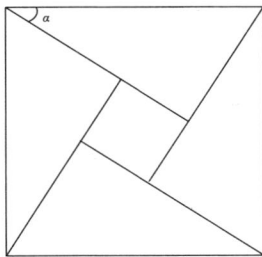

图 2 – 17

答案：$\dfrac{3}{4}$.

解析：由题意得，大正方形的边长为 10，小正方形的边长为 2，

$\therefore 2 = 10\cos\alpha - 10\sin\alpha$，$\therefore \cos\alpha - \sin\alpha = \dfrac{1}{5}$，

又 α 为锐角，易求得 $\tan\alpha = \dfrac{3}{4}$.

例 16：2002 年在北京召开的国际数学家大会，会标是以我国古代数学家赵爽的弦图为基础设计的，弦图是由四个全等的直角三角形与一个小正方形拼成的一个大正方形，如图 2 – 18 所示，如果小正方形的面积为 1，大正方形的面积为 25，直角三角形中较小的锐角为 θ，那么 $\cos 2\theta$ 的值等于_____.

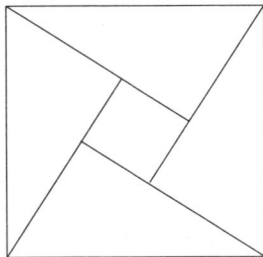

图 2 – 18

答案：$\dfrac{7}{25}$.

解析：

$\because$ 小正方形的面积为 1，大正方形的面积为 25，

$\therefore$ 每一个直角三角形的面积是 6，

设直角三角形的两条直角边长分别为 a，b，则 $\begin{cases} a^2 + b^2 = 25, \\ \dfrac{1}{2}ab = 6, \end{cases}$

∴ 两条直角边的长分别为 3，4.

又∵ 直角三角形中较小的锐角为 θ，

∴ $\cos\theta = \dfrac{4}{5}$，$\cos2\theta = 2\cos^2\theta - 1 = \dfrac{7}{25}$.

四、以"割圆术"为背景

我国古代数学家刘徽是公元三世纪世界上最杰出的数学家，他在《九章算术》圆田术注中，用割圆术得到了圆面积的精确公式，并给出了计算圆周率的科学方法. 所谓"割圆术"，即通过圆内接正多边形细割圆，并使正多边形的周长无限接近圆的周长，进而求得较为精确的圆周率（圆周率指圆周长与该圆直径的比率）.

例 17：（2017 高考浙江 11）我国古代数学家刘徽创立的"割圆术"可以估算圆周率 π，理论上能把 π 的值计算到任意精度. 祖冲之继承并发展了"割圆术"，将 π 的值精确到小数点后七位，其结果领先世界一千多年，"割圆术"的第一步是计算单位圆内接正六边形的面积 S_6，则 $S_6 =$ _____.

答案： $\dfrac{3\sqrt{3}}{2}$.

解析： 将正六边形分割为 6 个等边三角形，则 $S_6 = 6\left(\dfrac{1}{2} \times 1^2 \times \sin60°\right) = \dfrac{3\sqrt{3}}{2}$.

例 18： [2016 届高三三轮冲刺猜题（三）文数试卷] 公元 263 年左右，我国数学家刘徽发现当圆内接正多边形的边数无限增加时，多边形面积可无限逼近圆的面积，并创立了"割圆术". 利用"割圆术"，刘徽得到了圆周率精确到小数点后两位的近似值 3.14，这就是著名的"徽率". 如图 2 - 19 是利用刘徽的"割圆术"思想设计的一个程序框图，则输出的值为_____.

（参考数据：$\sin15° = 0.2588$，$\sin7.5° = 0.1305$）

答案： 24.

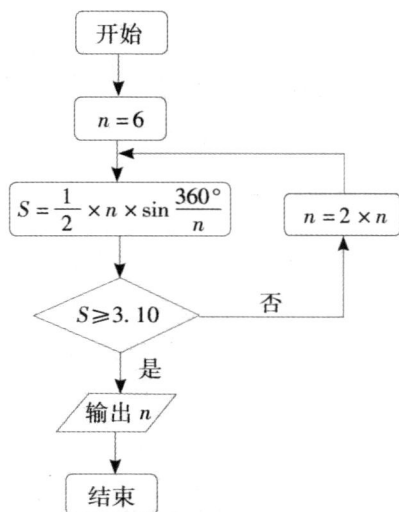

图 2 - 19

解析： 模拟执行程序，

可得 $n=6$，$S=3\sin 60°=\dfrac{3\sqrt{3}}{2}$，不满足条件 $S\geqslant 3.10$，$n=12$，

$S=6\sin 30°=3$，不满足条件 $S\geqslant 3.10$，$n=24$，$S=12\sin 15°=12\times 0.2588=3.1056$，满足条件 $S\geqslant 3.10$，退出循环，

输出 n 的值为 24.

故答案为 24.

例 19： ［贵州省贵阳市 2017 届高三 2 月适应性考试（一）数学理试题］我国古代数学家刘徽是公元三世纪世界上最杰出的数学家，他在《九章算术》圆田术注中，用割圆术得出了圆面积的精确公式，并给出了计算圆周率的科学方法. 所谓"割圆术"，即通过圆内接正多边形细割圆，并使正多边形的周长无限接近圆的周长，进而求得较为精确的圆周率（圆周率指圆周长与该圆直径的比率）. 刘徽计算圆周率是从正六边形开始的，易知圆的内接正六边形可分为六个全等的正三角形，每个三角形的边长均为圆的半径 R，此时圆内接正六边形的周长为 $6R$，此时若将圆内接正六边形的周长等同于圆的周长，可得圆周率为 3，当用正二十四边形内接于圆时，按照上述算法，可得圆周率为_____.

（参考数据：$\cos 15°\approx 0.966$，$\sqrt{0.068}\approx 0.26$）

答案： 3.12.

解析：

由题意得，二十四个全等的等腰三角形的顶角为 $\dfrac{360°}{24}=15°$，由余弦定理可得底边长为 $\sqrt{2R^2-2R^2\cos15°}\approx\sqrt{0.068}R\approx0.26R$，因此可得圆周率为 $\dfrac{24\times0.26R}{2R}=3.12$.

例20.（2018年普通高等学校招生全国统一考试高三调研卷模拟二文科数学试题）公元三世纪中期，魏晋时期的数学家刘徽首创割圆术，为计算圆周率建立了严密的理论和完整的算法. 所谓割圆术，就是不断倍增圆内接正多边形的边数求出圆周率的方法. 如图2-20是刘徽利用正六边形计算圆周率时所画的示意图，现向圆中随机投掷一个点，则该点落在正六边形内的概率为（　　）

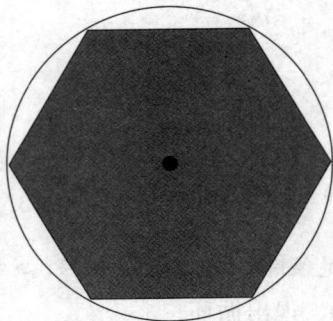

图 2-20

A. $\dfrac{3\sqrt3}{2\pi}$　　B. $\dfrac{3\sqrt3\pi}{2}$　　C. $\dfrac{3\sqrt2}{2\pi}$　　D. $\dfrac{\sqrt3\pi}{2}$

答案： A.

解析： 设圆的半径为 r，则圆的面积 $S_圆=\pi r^2$，正六边形的面积 $S_{正六边形}=6\times\dfrac12\times r^2\times\sin60°=\dfrac{3\sqrt3}{2}r^2$，所以向圆中随机投掷一个点，该点落在正六边形内的概率 $P=\dfrac{S_{正六边形}}{S_圆}=\dfrac{\frac{3\sqrt3}{2}r^2}{\pi r^2}=\dfrac{3\sqrt3}{2\pi}$，故选 A.

例21：［贵州省凯里市第一中学2016-2017学年高二下学期期末考试数学（文）试题］圆周率是指圆的周长与圆的直径的比值，我国南北朝时期的数学家祖冲之用"割圆术"将圆周率算到了小数点后面第七位，成为当时世界上最先进的成就，"割圆术"是指用圆的内接正多边形的周长来近似代替圆的周长，从正六边形起算，并依次倍增边数，使误差逐渐减小，如图 2-21 所示，当圆的内接正多边形的边数为 720 时，由"割圆术"可得圆周率的近似值可用代数式表示为（　　）

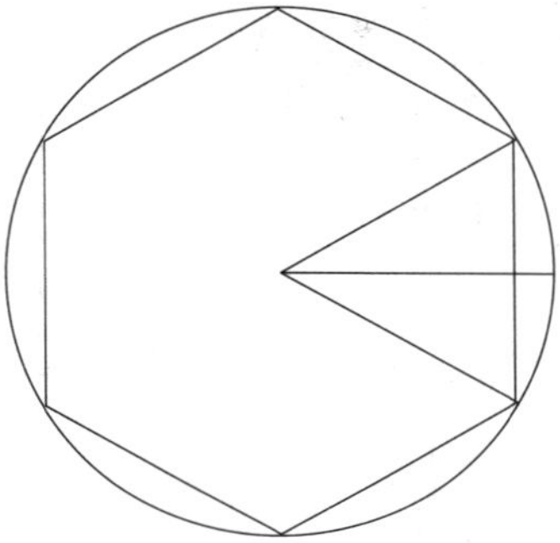

图 2-21

A. $720\sin1°$ 　　　　　　　　　　 B. $720\sin0.5°$

C. $720\sin0.25°$ 　　　　　　　　　 D. $720\sin0.125°$

答案： C.

解析： 设圆的半径为 1，正多边形的圆心角为 $\frac{360°}{720}=0.5°$，

边长为 $\sqrt{1+1-2\cos0.5°}=\sqrt{2(1-\cos0.5°)}=2\sin0.25°$，

所以 $720\times2\sin0.25°=2\pi$，即 $\pi=720\sin0.25°$.

故选 C.

例 22： ［宁夏银川市 2017 届高三下学期第二次模拟考试数学（理）试题］公元 263 年左右，我国数学家刘徽发现当圆内接正多边形的边数无限增加时，多边形的面积可无限逼近圆的面积，并创立了"割圆术"．利用"割圆术"，刘徽得到了圆周率精确到小数点后两位的近似值 3.14，这就是著名的"徽率"．如图 2-22 是利用刘徽的"割圆术"思想设计的一个程序框图，其中 n 表示圆内接正多边形的边数，执行此算法输出的圆周率的近似值依次为（　　）（参考数据：$\sqrt{3}\approx1.732$，$\sin15°\approx0.2588$，$\sin7.5°\approx0.1305$）

A. $2.598，3，3.1056$ 　　　　　　 B. $2.598，3，3.1048$

C. $2.578，3，3.1069$ 　　　　　　 D. $2.588，3，3.1108$

答案： A.

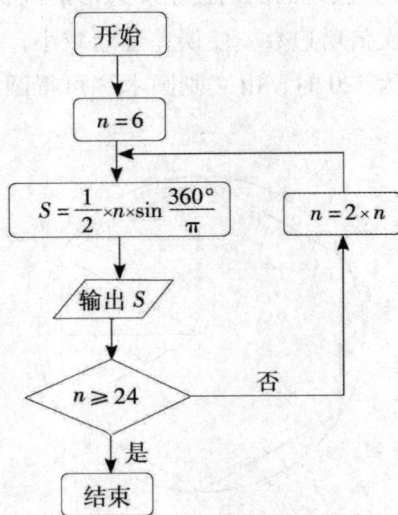

图 2-22

解析：

第一次循环，得 $S = \dfrac{1}{2} \times 6 \times \sin 60° = \dfrac{3\sqrt{3}}{2} = 2.598$，$n = 12$；

第二次循环，得 $S = \dfrac{1}{2} \times 12 \times \sin 30° = 3$，$n = 24$；

第三次循环，得 $S = \dfrac{1}{2} \times 24 \times \sin 15° = 12 \times 0.2588 = 3.1056$，退出循环，

所以执行此算法输出的圆周率的近似值依次为 2.598，3，3.1056，故选 A.

五、以"三斜公式"为背景

中国宋代的数学家秦九韶提出了"三斜求积术". 它与海伦公式基本一样，其实在《九章算术》中，已经有求三角形公式"底乘高的一半"，在实际丈量土地面积时，由于土地的形状并不是三角形，要找出它来并非易事，所以他们想到了三角形的三条边. 如果能够利用三条边求三角形的面积也就方便多了. 但是怎样根据三边的长度来求三角形的面积呢？直到南宋，才由中国著名的数学家秦九韶提出了"三斜求积术".

秦九韶把三角形的三条边分别称为小斜、中斜和大斜. "术"即方法. 三斜求积术就是用小斜平方加上大斜平方，送到中斜平方，取相减后余数的一半，

自乘而得一个数，小斜平方乘以大斜平方，送到上面得到的那个数．相减后余数被 4 除，所得的数作为"实"，以 1 作为"隅"，开平方后即得面积．

南宋数学家秦九韶早在《数书九章》中就独立创造了已知三角形三边求其面积的"三斜公式"："以小斜幂并大斜幂，减中斜幂，余半之，自乘于上，以小斜幂乘大斜幂减之，以四约之，为实，一为从隅，开方得积．"

即 $S = \sqrt{\frac{1}{4}\left[c^2 a^2 - \left(\frac{c^2 + a^2 - b^2}{2}\right)^2\right]}$，$a > b > c$．

例 23：（2018 河南商丘高三上学期一模）我国南宋著名数学家秦九韶发现了用三角形三边求三角形面积的"三斜公式"，设 $\triangle ABC$ 三个内角 A，B，C 的对边分别为 a，b，c，面积为 S，则"三斜求积"公式为 $S = \sqrt{\frac{1}{4}\left[a^2 c^2 - \left(\frac{a^2 + c^2 - b^2}{2}\right)^2\right]}$，$a > b > c$，若 $c^2 \sin A = 3\sin C$，$(a - c)^2 = b^2 - 4$，则用"三斜求积"公式求得 $\triangle ABC$ 的面积为_____．

答案：$\sqrt{2}$．

解析：由 $c^2 \sin A = 3\sin C$ 可得，$ac = 3$，

由 $(a - c)^2 = b^2 - 4$ 可得，$a^2 + c^2 - b^2 = 2$，

$\therefore S = \sqrt{\frac{1}{4}\left[a^2 c^2 - \left(\frac{a^2 + c^2 - b^2}{2}\right)^2\right]} = \sqrt{\frac{1}{4}(9 - 1)} = \sqrt{2}$，

故答案为 $\sqrt{2}$．

例 24：（2018 年贵州遵义高三联考二）《数书九章》是中国南宋时期杰出数学家秦九韶的著作．其中在卷五"三斜求积"中提出了已知三角形三边 a，b，c 求面积的公式，这与古希腊的海伦公式完全等价，其求法是"以小斜幂并大斜幂减中斜幂，余半之，自乘于上，以小斜幂乘大斜幂减上，余四约之，为实．一为从隅，开平方得积．"若把以上这段文字写出公式，即若 $a > b > c$，则 $S = \sqrt{\frac{1}{4}\left[c^2 a^2 - \left(\frac{c^2 + a^2 - b^2}{2}\right)^2\right]}$，现有周长为 $10 + 2\sqrt{7}$ 的 $\triangle ABC$ 满足 $\sin A : \sin B : \sin C = 2 : 3 : \sqrt{7}$，则用以上给出的公式可求得 $\triangle ABC$ 的面积为_____．

答案：$6\sqrt{3}$．

解析：$\because \sin A : \sin B : \sin C = 2 : 3 : \sqrt{7}$，$\therefore a : b : c = 2 : 3 : \sqrt{7}$，

又 $\triangle ABC$ 的周长为 $10 + 2\sqrt{7}$，$\therefore a = 4$，$b = 6$，$c = 2\sqrt{7}$，

$$\therefore S = \sqrt{\frac{1}{4}\left[c^2 a^2 - \left(\frac{c^2 + a^2 - b^2}{2}\right)^2\right]} = 6\sqrt{3}.$$ 即 $\triangle ABC$ 的面积为 $6\sqrt{3}$.

例 25:（2018 河北石家庄高三一模）南宋数学家秦九韶早在《数书九章》中就独立创造了已知三角形三边求其面积的公式："以小斜幂并大斜幂,减中斜幂,余半之,自乘于上,以小斜幂乘大斜幂减之,以四约之,为实,一为从隅,开方得积."即 $S = \sqrt{\frac{1}{4}\left[c^2 a^2 - \left(\frac{c^2 + a^2 - b^2}{2}\right)^2\right]}$,$a > b > c$,并举例"问沙田一段,有三斜（边）,其小斜一十三里,中斜一十四里,大斜一十五里,欲知为田几何?"则该三角形田的面积为（　　　）

A. 82 平方里　　　B. 83 平方里　　　C. 84 平方里　　　D. 85 平方里

答案: C.

解析: 由题意可得,$a = 13$,$b = 14$,$c = 15$,

代入 $S = \sqrt{\frac{1}{4}\left[c^2 a^2 - \left(\frac{c^2 + a^2 - b^2}{2}\right)^2\right]} = \sqrt{\frac{1}{4}\left[15^2 \times 13^2 - \left(\frac{15^2 + 13^2 - 14^2}{2}\right)^2\right]} = 84$,

则该三角形田的面积为 84 平方里.

故选 C.

例 26:（广东深圳市 2017 届高三第二次（4 月）调研考试数学理试题）我国南宋时期著名的数学家秦九韶在其著作《数书九章》中独立提出了一种求三角形面积的方法——"三斜求积术",即 $\triangle ABC$ 的面积 $S = \sqrt{\frac{1}{4}\left[a^2 c^2 - \left(\frac{a^2 + c^2 - b^2}{2}\right)^2\right]}$,其中 a,b,c 分别为 $\triangle ABC$ 内角 A,B,C 的对边,且 $a > b > c$,若 $b = 2$,且 $\tan C = \frac{\sqrt{3}\sin B}{1 - \sqrt{3}\cos B}$,则 $\triangle ABC$ 的面积 S 的最大值为_____.

答案: $\sqrt{3}$.

解析: 由题设可知,$\frac{\sin C}{\cos C} = \frac{\sqrt{3}\sin B}{1 - \sqrt{3}\cos B} \Rightarrow \sin C = \sqrt{3}(\sin B\cos C + \cos B\sin C)$,即

$\sin C = \sqrt{3}\sin A$,由正弦定理可得 $c = \sqrt{3}a$,所以 $S = \frac{1}{2}\sqrt{3a^4 - \left(\frac{4a^2 - 4}{2}\right)^2} = \frac{1}{2}$

$\sqrt{-a^4 + 8a^2 - 4}$,当 $a^2 = 4$,即 $a = 2$ 时,$S_{\max} = \frac{1}{2}\sqrt{-2^4 + 8 \times 4 - 4} = \sqrt{3}$,故答案为 $\sqrt{3}$.

点睛：解答本题的关键是将已知条件 $\tan C = \dfrac{\sqrt{3}\sin B}{1-\sqrt{3}\cos B}$ 化为 $\dfrac{\sin C}{\cos C} =$

$\dfrac{\sqrt{3}\sin B}{1-\sqrt{3}\cos B}$，即 $\sin C = \sqrt{3}(\sin B\cos C + \cos B\sin C)$，也即 $\sin C = \sqrt{3}\sin A$，然后再运用

正弦定理可得 $c = \sqrt{3}a$，从而将三角形的面积函数进行消元化为 $S = \dfrac{1}{2}$

$\sqrt{-a^4 + 8a^2 - 4}$，借助二次函数的图像与性质使问题得解.

例27：［云南曲靖一中 2018 届高三 3 月高考复习质量监测卷（六）数学（理）］我国南宋数学家秦九韶在《数书九章》中记载了利用三角形三边求三角

形面积的公式：$S = \sqrt{\dfrac{1}{4}\left[a^2c^2 - \left(\dfrac{a^2+c^2-b^2}{2}\right)^2\right]}$，$a > b > c$，称为"三斜求积"

公式，虽然形式上与海伦公式不一样，但两者完全等价，它填补了我国传统数学的一个空白，充分说明我国古代数学已有了很高的水平，现有三角形三边分别为 4，6，8，则三角形的面积为_____.

答案：$3\sqrt{15}$.

解析：三角形的三边分别为 $a = 4$，$b = 6$，$c = 8$，

$\therefore S = \sqrt{\dfrac{1}{4}\left[a^2c^2 - \left(\dfrac{a^2+c^2-b^2}{2}\right)^2\right]} = \sqrt{\dfrac{1}{4}\left[16\times 64 - \left(\dfrac{16+64-36}{2}\right)^2\right]} = 3\sqrt{15}$.

故答案为 $3\sqrt{15}$.

六、以"海伦公式"为背景

海伦公式又译作希伦公式、海龙公式、希罗公式、海伦－秦九韶公式，传说是古希腊国王希伦（Heron，也称海龙）二世发现的公式，利用三角形的三条边长来求求三角形面积. 我国宋代的数学家秦九韶也提出了"三斜求积术". 它与海伦公式基本一样，其实在《九章算术》中已经有求三角形面积公式"底乘高的一半"，在实际丈量土地面积时，由于土地的形状并不是三角形，要找出它来并非易事，所以他们想到了三角形的三条边. 如果能够利用三条边求三角形的面积也就方便多了. 但是怎样根据三边的长度来求三角形的面积呢？直到南宋，才由我国著名的数学家秦九韶提出了"三斜求积术".

例28：（高二数学人教必修 5，第 1 章 解三角形）希腊数学家海伦的著作《测地术》中记载了著名的海伦公式，利用三角形的三条边长可求三角形的面

积. 若三角形的三边长为 a，b，c，则其面积 $S = \sqrt{p(p-a)(p-b)(p-c)}$，其中 $p = \frac{1}{2}(a+b+c)$. 已知在 $\triangle ABC$ 中，$BC = 6$，$AB = 2AC$，当其面积 S 取最大值时，$\sin A = $ _____.

答案： $\frac{3}{5}$.

解析：

设 $AC = b$，则 $AB = c = 2b$，$p = \frac{1}{2} \times (6+3b) = 3 + \frac{3}{2}b$，

则 $S = \sqrt{p(p-a)(p-b)(p-c)} = \sqrt{\left(\frac{9}{4}b^2 - 9\right)\left(9 - \frac{1}{4}b^2\right)} = \sqrt{-\frac{9}{16}b^4 + \frac{90}{4}b^2 - 81}$，

易得当 $b^2 = 20$ 时，S 取得最大值，此时 $b = 2\sqrt{5}$，$c = 4\sqrt{5}$，故 $\cos A = \frac{b^2 + c^2 - a^2}{2bc} = \frac{4}{5}$，所以 $\sin A = \frac{3}{5}$. 故答案为 $\frac{3}{5}$.

例 29： ［河北省石家庄市 2017 届高三毕业班第二次模拟考试数学（文）试题］在希腊数学家海伦的著作《测地术》中记载了著名的海伦公式，利用三角形的三条边长求三角形面积，若三角形的三边长为 a，b，c，其面积 $S = \sqrt{p(p-a)(p-b)(p-c)}$，这里 $p = \frac{1}{2}(a+b+c)$. 已知在 $\triangle ABC$ 中，$BC = 6$，$AB = 2AC$，则 $\triangle ABC$ 面积的最大值为 _____.

答案： 12.

解析： 由题意可知，$a = 6$，$c = 2b$，$p = \frac{1}{2}(6+3b)$，

且 $2 < b < 6$，则 $S = \sqrt{\frac{1}{2}(6+3b) \cdot \left(\frac{3b}{2} - 3\right) \cdot \left(3 + \frac{b}{2}\right) \cdot \left(3 - \frac{b}{2}\right)}$

$= \sqrt{\frac{(9b^2 - 36)(36 - b^2)}{16}} = \sqrt{\frac{-9(b^2 - 20)^2 + 9 \times 256}{16}}$，

当且仅当 $b^2 = 20$，即 $b = 2\sqrt{5}$时，

$S_{\min} = 12$，且 $2 < b = 2\sqrt{5} < 6$，符合题意.

七、以数学名人为背景

数学是一门古老的学科，在其漫长的发展历程中，形成了丰富厚重的数学史料. 学习这些数学史料，可以让我们更加深入地理解数学，更加深刻地体会

数学的内在魅力.

例 30：（2017 年湖南株洲），如图 2 - 23 所示，若 $\triangle ABC$ 内一点 P 满足 $\angle PAC = \angle PBA = \angle PCB$，则点 P 为 $\triangle ABC$ 的布洛卡点. 三角形的布洛卡点（Brocard point）是法国数学家和数学教育家克洛尔（A. L. Crelle 1780 - 1855）于 1816 年首次发现，但他的发现并未被当时的人们所注意. 1875 年，布洛卡点被一个数学爱好者法国军官布洛卡（Brocard 1845—1922）重新发现，并用他的名字命名. 问题：已知在等腰直角三角形 DEF 中，$\angle EDF = 90°$，若点 Q 为 $\triangle DEF$ 的布洛卡点，$DQ = 1$，则 $EQ + FQ = $（　　　）

A. 5　　　　　　B. 4　　　　　　C. $3 + \sqrt{2}$　　　　　D. $2 + \sqrt{2}$

答案：D.

解析：如图 2 - 23 所示，在等腰直角三角形 $\triangle DEF$ 中，$\angle EDF = 90°$，$DE = DF$，$\angle 1 = \angle 2 = \angle 3$.

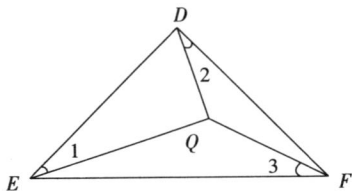

图 2 - 23

∵ $\angle 1 + \angle QEF = \angle 3 + \angle DFQ = 45°$，

∴ $\angle QEF = \angle DFQ$. ∵ $\angle 2 = \angle 3$，

∴ $\triangle DQF \backsim \triangle FQE$，∴ $\dfrac{DQ}{FQ} = \dfrac{FQ}{QE} = \dfrac{DF}{EF} = \dfrac{1}{\sqrt{2}}$，

∵ $DQ = 1$，∴ $FQ = \sqrt{2}$，$EQ = 2$，∴ $EQ + FQ = 2 + \sqrt{2}$，

故选 D.

第 三 章

传统文化与数列

　　数列因其丰富的趣味性和严密的逻辑性而备受古今中外数学家、文学家、诗人等文人雅士的喜爱，更因此产生了许多与数列相关的趣谈，形成了独特而又趣味横生的数学文化.

　　比如，庄子的《杂篇·天下》中提出的"一尺之棰，日取其半，万世不竭"涉及的等比数列问题，将"一尺之棰"看成单位"1"，每天取走的木棒长可构成的数列为 $a_n = \left(\dfrac{1}{2}\right)^n$.

　　九连环是中国古代智力游戏，玩九连环就是把这九个环从框架上解下或套上. 现要将九个环从框架上解下，用 k_n 表示解下 n 个圆环所需要的最少移动次数. 其中，则 $k_n = k_{n-2} + 2n - 1$.

　　明代数学家程大位编写了一道著名诗题，文字优美，颇具趣味："远望巍巍塔七层，红光点点倍加增，共灯三百八十一，请问尖头几盏灯？"译为：远处有一座高大巍峨的七层宝塔，每层都挂有红灯笼. 从上到下数，每层盏数都是上一层的 2 倍，而且知道总共有灯 381 盏. 问：这个宝塔塔顶有多少盏灯？

　　以上这些案例蕴含着古人对数列的认识及应用. 如果我们能够关注并积累这方面的知识并将其融入教学中，就可以让抽象的数学课堂多一些活跃的因子，进而增强学生的学习兴趣及爱国情感，同时也可以提高教师的个人魅力.

　　作为教学指挥棒的高考，也在鼓励教师将传统文化融入数学教学中，甚至在高考测试中也经常出现与传统文化相关的试题，下面介绍一些传统文化与数列相结合的典型范例.

一、与等差数列相关的习题

《九章算术》简介

《九章算术》其作者已不可考，一般认为它是经历代名家的增补修订，而逐渐完善成为现今定本的. 西汉的张苍、耿寿昌曾经做过增补和整理，最后成书最迟在东汉前期，现今流传的大多是在三国时期魏元帝景元四年（263 年），刘徽为《九章》所作的注本.

该书内容十分丰富，系统总结了战国、秦汉时期的数学成就. 同时，《九章算术》在数学上还有其独特的地位，不仅最早提到分数问题，也首先记录了盈不足等问题；《方程》章还在世界数学史上首次阐述了负数及其加减运算法则. 它是一本综合性的古代数学著作，是当时世界上最简练有效的应用数学专著，它的出现标志着中国古代数学形成了完整的体系.

《九章算术》采用问题集的形式，收有 246 个与生产、生活实践有联系的应用问题，其中每道题有问（题目）、答（答案）、术（解题的步骤，但没有证明），有的是一题一术，有的是多题一术或一题多术. 这些问题依照性质和解法分别隶属于方田、粟米、衰（音 cui）分、少广、商功、均输、盈不足、方程及勾股. 全书共九章，其主要内容是：

第一章"方田"：主要讲述了平面几何图形面积的计算方法，包括长方形、等腰三角形、直角梯形、等腰梯形、圆形、扇形、弓形、圆环这八种图形面积的计算方法. 另外还系统地讲述了分数的四则运算法则，以及求分子分母最大公约数的方法.

第二章"粟米"：谷物粮食按比例折换，提出比例算法，称为今有术；衰分章提出比例分配法则，称为衰分术.

第三章"衰分"：比例分配问题.

第四章"少广"：已知面积、体积，反求其一边长和径长等；同时介绍了开平方、开立方的方法.

第五章"商功"：土石工程、体积计算；除了给出各种立体体积计算公式外，还有工程分配方法；

第六章"均输"：合理摊派赋税；用衰分术解决赋役的合理负担问题. 今有术、衰分术及其应用方法，构成了包括今天正、反比例、比例分配、复比例、连锁比例在内的整套比例理论. 西方直到 15 世纪末以后才形成类似的全套方法.

第七章"盈不足"：即双设法问题；提出了盈不足、盈适足和不足适足、两盈和两不足三种类型的盈亏问题，以及若干可以通过两次假设化为盈不足的一般问题的解法. 这也是处于世界领先地位的成果，后来传到西方后，影响极大.

第八章"方程"：一次方程组问题；采用分离系数的方法表示线性方程组，相当于现在的矩阵；解线性方程组时使用的直除法，与矩阵的初等变换一致. 这是世界上最早的完整的线性方程组的解法. 在西方，直到17世纪才由莱布尼茨提出完整的线性方程的解法法则. 这一章还引进和使用了负数，并提出了正负术——正负数的加减法则，与现今代数中的法则完全相同；解线性方程组时，实际还施行了正负数的乘除法. 这是世界数学史上一项重大的成就，第一次突破了正数的范围，扩展了数系. 国外直到7世纪印度的婆罗摩及多才认识到负数.

第九章"勾股"：利用勾股定理求解的各种问题. 其中的绝大多数内容是与当时的社会生活密切相关的，提出了勾股数问题的通解公式：若 a，b，c 分别是勾股形的勾、股、弦，则 $\begin{cases} a = \dfrac{1}{2}(m^2 - n^2), \\ b = mn, \\ c = \dfrac{1}{2}(m^2 + n^2), \end{cases}$ $m > n$. 在西方，毕达哥拉斯、

欧几里得等学者仅得到了这个公式的几种特殊情况，直到3世纪的丢番图才取得相近的结果，这已比《九章算术》晚约3个世纪了. 勾股章还有一些内容，在西方却已是近代的事. 例如，勾股章最后一题给出的一组公式，在国外到19世纪末才由美国的数论学家迪克森得出.

例1：《九章算术》是我国古代的数学名著，书中有如下问题："今有五人分五钱，令上二人所得与下三人等. 问各得几何?"其意思为"已知甲、乙、丙、丁、戊五人分 5 钱，甲、乙两人所得与丙、丁、戊三人所得相同，且甲、乙、丙、丁、戊所得依次成等差数列. 问五人各得多少钱?"（"钱"是古代的一种重量单位）在这个问题中，甲所得为（　　　）

A. $\dfrac{5}{4}$ 钱　　　　B. $\dfrac{4}{3}$ 钱　　　　C. $\dfrac{3}{2}$ 钱　　　　D. $\dfrac{5}{3}$ 钱

答案：B.

解析：依题意，设甲、乙、丙、丁、戊所得钱分别为 $a - 2d$，$a - d$，a，$a + d$，$a + 2d$，

则由题意可知，$a-2d+a-d=a+a+d+a+2d$，即 $a=-6d$，

又 $a-2d+a-d+a+a+d+a+2d=5a=5$，$\therefore a=1$，

$\therefore a-2d=a-2\times\left(-\dfrac{a}{6}\right)=\dfrac{4a}{3}=\dfrac{4}{3}$.

例2：在我国古代著名的数学专著《九章算术》里有这样一段叙述：今有良马与驽马发长安至齐，齐去长安一千一百二十五里，良马初日行一百零三里，日增一十三里；驽马初日行九十七里，日减半里；良马先至齐，复还迎驽马，二马相逢. 问：几日相逢?（   ）

A. 9 日   B. 8 日   C. 16 日   D. 12 日

答案：A.

解析：由题意知，良马每日行的距离成等差数列，

记为 $\{a_n\}$，其中 $a_1=103$，$d=13$.

驽马每日行的距离成等差数列，

记为 $\{b_n\}$，其中 $b_1=97$，$d=-0.5$.

设第 m 天相逢，则

$a_1+a_2+\cdots+a_m+b_1+b_2+\cdots+b_m$

$=103m+\dfrac{m(m-1)\times13}{2}+97m+\dfrac{m(m-1)\times(-0.5)}{2}$

$=2\times1125$，

解得，$m=9$.

例3：《九章算术》中有一个问题为"现有一根九节的竹子，自上而下各节的容积成等差数列，上面四节容积之和为 3 升，下面三节的容积之和为 4 升，求中间两节的容积各为多少?"该问题中第 2 节，第 3 节，第 8 节竹子的容积之和为（   ）

A. $\dfrac{17}{6}$升   B. $\dfrac{7}{2}$升   C. $\dfrac{113}{66}$升   D. $\dfrac{109}{33}$升

答案：A.

解析：自上而下依次设各节容积为 a_1，a_2，$\cdots$，a_9，

由题意得 $\begin{cases}a_1+a_2+a_3+a_4=3,\\ a_7+a_8+a_9=4,\end{cases}$

得 $\begin{cases}a_2+a_3=\dfrac{3}{2},\\ a_8=\dfrac{4}{3},\end{cases}$

所以，$a_2 + a_3 + a_8 = \dfrac{3}{2} + \dfrac{4}{3} = \dfrac{17}{6}$（升）.

例 4：《九章算术》中"竹九节"问题：现有一根 9 节的竹子，自上而下各节的容积成等差数列. 上面 4 节的容积共 3 升，下面 3 节的容积共 4 升，则第 5 节的容积为＿＿＿＿＿升.

答案：$\dfrac{67}{66}$.

解析：

设该数列 $\{a_n\}$ 的首项为 a_1，公差为 d，

依题意 $\begin{cases} a_1 + a_2 + a_3 + a_4 = 3, \\ a_7 + a_8 + a_9 = 4, \end{cases}$ 即 $\begin{cases} 4a_1 + 6d = 3, \\ 3a_1 + 21d = 4, \end{cases}$ 解得 $\begin{cases} a_1 = \dfrac{13}{22}, \\ d = \dfrac{7}{66}, \end{cases}$

则 $a_5 = a_1 + 4d = \dfrac{13}{22} + \dfrac{28}{66} = \dfrac{67}{66}$.

例 5：我国古代数学著作《九章算术》有如下问题："今有金箠，长五尺，斩本一尺，重四斤，斩末一尺，重二斤，问次一尺各重几何？"意思是："现有一根金箠，一头粗，一头细，在粗的一段截下一尺，重四斤；在细的一端截下一尺，重二斤. 问依次每一尺各重几斤？"根据已知条件，若金箠由粗到细是均匀变化的，则中间三尺的重量为（　　　　）

A. 6 斤　　　　　B. 9 斤　　　　　C. 10 斤　　　　　D. 12 斤

答案： B.

解析：此问题构成一个等差数列 $\{a_n\}$，设首项为 2，则 $a_5 = 4$，∴ 中间 3 尺的重量为 $3a_3 = \dfrac{a_1 + a_5}{2} \times 3 = \dfrac{2+4}{2} \times 3 = 9$（斤）.

故选 B.

例 6：我国古代数学著作《九章算术》有如下问题："今有金箠，长五尺，斩本一尺，重四斤，斩末一尺，重二斤，问次一尺各重几何？"意思是："现有一根金箠，长五尺，一头粗，一头细，在粗的一端截下一尺，重四斤；在细的一端截下一尺，重二斤；问依次每一尺各重多少斤？"根据上面的已知条件，若金箠由粗到细是均匀变化的，问第二尺与第四尺的重量之和为（　　　　）

A. 6 斤　　　　　B. 9 斤　　　　　C. 9.5 斤　　　　　D. 12 斤

答案： A.

解析： 依题意，金箠由粗到细各尺构成一个等差数列，

设首项 $a_1 = 4$，则 $a_5 = 2$，由等差数列性质得，$a_2 + a_4 = a_1 + a_5 = 6$，

所以第二尺与第四尺的重量之和为 6 斤．

《张邱建算经》简介

张邱建，北魏清河（今邢台市清河县）人，约公元 5 世纪，著名数学家．他从小聪明好学，酷爱算术，一生从事数学研究，造诣很深，著有《张邱建算经》，后世学者北周甄鸾、唐李淳风相继为该书做了注释．

《张邱建算经》分上中下三卷，大约成书于公元 466 年至 484 年之间．其格式为问答式，条理缜密，文词古雅，是中国古代数学史上的杰作，也是世界数学资料库中的一份宝贵遗产．现传本有 92 问，比较突出的成就有最大公约数与最小公倍数的计算，各种等差数列问题的解决，某些不定方程问题的求解等．

例7： 南北朝时期的数学古籍《张邱建算经》有如下一道题："今有十等人，每等一人，宫赐金以等次差（即等差）降之，上三人，得金四斤，持出；下四人后入，得三斤，持出；中间三人未到者，亦依等次更给．问：每等人比下等人多得几斤？"（　　）

A. $\dfrac{4}{39}$ B. $\dfrac{7}{78}$ C. $\dfrac{7}{76}$ D. $\dfrac{5}{81}$

答案： B.

解析： 设第十等人得金 a_1 斤，第九等人得金 a_2 斤，以此类推，第一等人得金 a_{10} 斤，

则数列 $\{a_n\}$ 构成等差数列，设公差为 d，则每一等人比下一等人多得 d 斤金，

由题意得 $\begin{cases} a_1 + a_2 + a_3 + a_4 = 3, \\ a_8 + a_9 + a_{10} = 4, \end{cases}$ 即 $\begin{cases} 4a_1 + 6d = 3, \\ 3a_1 + 24d = 4, \end{cases}$ 解得 $d = \dfrac{7}{78}$，

∴ 每一等人比下一等人多得 $\dfrac{7}{78}$ 斤金．

例8： 《张邱建算经》卷上第二十三问："今有女善织，日益功疾，初日织五尺，今一月织九匹三丈．问日益几何？"其意思为："有个女子织布，每天比前一天多织相同量的布，第一天织五尺，一个月（按 30 天计）共织 390 尺．问：每天多织多少布？"已知 1 匹 = 4 丈，1 丈 = 10 尺，估算出每天多织的布约为（　　）

38

A. 0.55 尺　　　　B. 0.53 尺　　　　C. 0.52 尺　　　　D. 0.5 尺

答案：A.

解析：设每天多织 d 尺，由题意知，$a_1 = 5$，$\{a_n\}$ 是等差数列，公差为 d，

$\therefore S_{30} = 30 \times 5 + \dfrac{30 \times 29}{2} d = 390$，

解得，$d \approx 0.55$.

例9：《张邱建算经》有这样一个问题：今有女子善织，日增等尺，七日织二十一尺，第二日，第五日，第八日所织之和为十五尺，问第九日所织尺数为（　　　）

A. 7　　　　B. 9　　　　C. 11　　　　D. 13

答案：D.

解析：设第一天织 a_1 尺，从第二天起，每天比第一天多织 d 尺，

由已知得 $\begin{cases} 7a_1 + \dfrac{7 \times 6}{2} d = 21, \\ a_1 + d + a_1 + 4d + a_1 + 7d = 15, \end{cases}$

解得，$a_1 = -3$，$d = 2$，

$\therefore$ 第九日所织尺数为 $a_9 = a_1 + 8d = -3 + 8 \times 2 = 13$.

例10：《张邱建算经》中有如下问题："今有女不善织，日减功迟，初日织五尺，末日织一尺，今三十织迄，问织几何？"其意思为：有个女子不善于织布，每天比前一天少织同样多的布，第一天织五尺，最后一天织一尺，三十天织完，问三十天共织布（　　　）

A. 30 尺　　　　B. 90 尺　　　　C. 150 尺　　　　D. 180 尺

答案：B.

解析：由题意可得，每日的织布量形成等差数列 $\{a_n\}$，且 $a_1 = 5$，$a_{30} = 1$，

所以 $S_{30} = \dfrac{30 \times (5+1)}{2} = 90$.

例11：《张邱建算经》中有一道题："今有女子不善织布，逐日所织的布以同数递减，初日织五尺，末一日织一尺，计织三十日"，由此推断，该女子到第十日时，大约已经完成三十日织布总量的（　　　）

A. 33%　　　　B. 49%　　　　C. 62%　　　　D. 88%

答案：B.

解析：由题意可得，每日的织布量形成等差数列 $\{a_n\}$，且 $a_1 = 5$，$a_{30} = 1$，

设公差为 d, 则 $1 = 5 + 29d$, 解得 $d = -\dfrac{4}{29}$.

$\therefore S_{10} = 5 \times 10 + \dfrac{10 \times 9}{2} \times \left(-\dfrac{4}{29}\right) = \dfrac{1270}{29}$.

$S_{30} = \dfrac{30 \times (5+1)}{2} = 90$.

$\therefore$ 该女子到第 10 日时, 大约已经完成三十日织布总量的 49%.

二、与等比数列相关的习题

《算法统宗》 简介

程大位 (1533 – 1606 年), 明代数学家, 字汝思, 号宾渠, 休宁率口 (今属屯溪区) 人. 少年时代就喜爱数学, 20 岁左右随父经商, 有感于筹算方法的不便, 决心编撰一部简明实用的数学书以助世人之用. 《算法统宗》就是他毕生心血的结晶. 他搜集了许多相关书籍, 遍访名师, 经过数十年的努力, 公元 1592 年, 六十岁的他终于写成了《直指算法统宗》一书, 简称《算法统宗》.

《算法统宗》共 17 卷, 卷 1、卷 2 介绍数学名词、大数、小数和度量衡单位以及珠算盘式图、珠算各种算法口诀等, 并举例说明了具体用法; 卷 3 至卷 12 按 "九章" 次序列举各种应用题及解法; 卷 13 至卷 16 为 "难题" 解法汇编; 卷 17 "杂法" 为不能归入前面各类的算法, 并列有 14 个纵横图. 书后附录 "算经源流" 一篇, 著录了北宋元丰七年 (1084 年) 以来的数学书目 51 种. 万历二十一年 (1593 年) 刊行.

《算法统宗》是一部应用数学书, 是以珠算为主要的计算工具, 列有 595 个应用题的数字计算都不用筹算方法, 而是用珠算演算. 书中评述了珠算规则, 完善了珠算口诀, 确立了算盘用法, 完成了由筹算到珠算的彻底转变. 《算法统宗》绝大多数的问题都是从其他数学著作, 如刘仕隆所著《九章通明算法》 (公元 1424 年) 和吴敬的《九章算法比类大全》 (公元 1450 年) 等书中摘录出来的.

《算法统宗》从初版至民国时期, 出现了很多不同的翻刻本、改编本, 民间还有各种抄本流传, 对我国民间普及珠算和数学知识起到了很大的作用. 明末, 日本人毛利重能将《算法统宗》译成日文, 开日本 "和算" 之先河. 清初, 该书又传入朝鲜、东南亚和欧洲, 成为古代东方数学的名著.

从中国古代数学的整个发展过程来看, 《算法统宗》是一部十分重要的著作. 从流传的长久、广泛和深入程度来讲, 任何一部数学著作都不能与其相比.

例 12：中国古代数学著作《算法统宗》中有这样一个问题："三百七十八里关，初日健步不为难，次日脚痛减一半，六朝才得到其关，要见次日行里数，请公仔细算相还."其大意为："有一个人走 378 里路，第一天健步行走，从第二天起，脚痛每天走的路程为前一天的一半，走了 6 天后到达目的地."则该人最后一天走的路程为（　　）

A. 24 里　　　　B. 12 里　　　　C. 6 里　　　　D. 3 里

答案：C.

解析：记每天走的路程里数为 a_n，可知 $\{a_n\}$ 是公比 $q = \dfrac{1}{2}$ 的等比数列，由

$S_6 = 378$，得 $S_6 = \dfrac{a_1\left(1 - \left(\dfrac{1}{2}\right)^6\right)}{1 - \dfrac{1}{2}} = 378$，解得 $a_1 = 192$，$\therefore a_6 = 192 \times \left(\dfrac{1}{2}\right)^5 = 6.$

例 13：《算法统宗》是我国古代内容丰富的数学名著，书中有如下问题："远望巍巍塔七层，红灯点点倍加增，共灯三百八十一，请问尖头几盏灯？"其意思为"一座塔共七层，从塔顶至塔底，每层灯的数目都是上一层的 2 倍，已知这座塔共有 381 盏灯，请问塔顶有几盏灯？"（　　）

A. 3　　　　B. 4　　　　C. 5　　　　D. 6

答案：A.

解析：由题意，设塔顶有 a 盏灯，

由题意，由上往下数第 n 层即有 $2^{n-1} \cdot a$ 盏灯，

$\therefore$ 共有（$1 + 2 + 4 + 8 + 16 + 32 + 64$）$a = 381$ 盏灯，

即 $\dfrac{1\left(1 - 2^7\right)}{1 - 2} \times a = 381.$

解得 $a = 3.$

例 14：我国古代数学名著《算法统宗》中有一首叫"宝塔装灯"的诗，内容为"远望巍巍塔七层，红灯点点倍加增，共灯三百八十一，请问尖头几盏灯？"（"倍加增"指灯的数量从塔的顶层到底层按公比为 2 的等比数列递增）根据此诗，可以得出塔的顶层和底层共有（　　）

A. 3 盏灯　　　　B. 192 盏灯　　　　C. 195 盏灯　　　　D. 200 盏灯

答案：C.

解析：设顶层的灯数为 a_1，公比为 $q = 2$，$n = 7$，$S_7 = \dfrac{a_1\left(1 - 2^7\right)}{1 - 2} = 381$，

解得 $a_1 = 3$，底层为 $a_7 = a_1 \times 2^6 = 192$，

$\therefore a_1 + a_7 = 195$，故选 C.

例 15： 我国古代数学典籍《九章算术》"盈不足"中有一道两鼠穿墙问题："今有垣厚十尺，两鼠对穿，初日各一尺，大鼠日自倍，小鼠日自半，问几何日相逢?"上述问题中，两鼠在第几天相逢（   ）

A. 3   B. 4   C. 5   D. 6

答案： B.

解析： 由题意可知，大老鼠每天打洞的距离是以 1 为首项，

以 2 为公比的等比数列，

前 n 天打洞之和为 $\dfrac{1-2^n}{1-2} = 2^n - 1$.

同理，小老鼠前 n 天打洞之和为 $\dfrac{1-\left(\dfrac{1}{2}\right)^n}{1-\dfrac{1}{2}} = 2 - \dfrac{1}{2^{n-1}}$，

$\therefore 2^n - 1 + 2 - \dfrac{1}{2^{n-1}} = 10$，解得 $n \in (3, 4)$，取 $n = 4$.

即两鼠在第 4 天相逢.

例 16： 古代数学著作《九章算术》中有如下问题："今有女子善织，日自倍，五日织五尺，问日织几何?"意思是："一女子善于织布，每天织的布都是前一天的 2 倍，已知她 5 天共织布 5 尺，问这女子每天分别织布多少?"根据已知条件，可求得该女子第 3 天所织布的尺数为（   ）

A. $\dfrac{2}{3}$ B. $\dfrac{8}{15}$ C. $\dfrac{20}{31}$ D. $\dfrac{3}{5}$

答案： C.

解析： 由题意可得，

每天织布的数量构成了等比数列 $\{a_n\}$，$S_5 = 5$，$q = 2$，

$\therefore \dfrac{a_1\left(1-2^5\right)}{1-2} = 5$，

计算可得 $a_1 = \dfrac{5}{31}$，$\therefore a_3 = \dfrac{5}{31} \times 2^2 = \dfrac{20}{31}$.

三、与数列通项相关的数学试题

谢尔宾斯基 (Sierpinsiki) 三角形

谢尔宾斯基三角形是一种分形，由波兰数学家谢尔宾斯基在 1915 年提出. 其做法为：如图 3-1 所示，先作一个边长为 1 的正三角形，挖去一个"中心三角形"（即以原三角形各边的中点为顶点的三角形）；然后在剩下的小三角形中又挖去一个"中心三角形"，我们用白色三角形代表挖去的面积，那么黑色部分为剩下的面积（我们称黑三角形为谢尔宾斯基三角形）. 操作 n 次后，边长 $r = \left(\frac{1}{2}\right)^n$，三角形个数 $N = 3n$，剩余三角形面积公式为 $\frac{3^n}{4^n}$. 如果用上面的方法无限连续地做下去，最终所得的极限图形称为谢尔宾斯基垫片.

由数列的极限可知，谢尔宾斯基垫片的极限图形的面积趋于零，而小图形的数目则趋于无穷，小图形的周长之和也趋近于无限大. 它比普通的一维直线占据了更多空间，但还是没有二维正方形占据的那么多，它的豪斯多夫维是 $\frac{\ln3}{\ln2} \approx 1.585$.

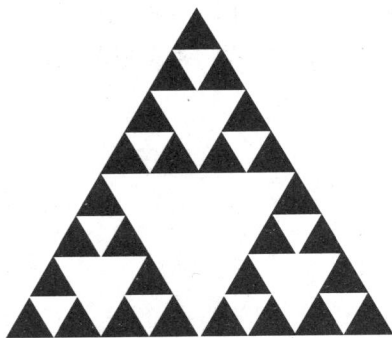

图 3-1

例 17：如图 3-2 是谢尔宾斯基（Sierpinsiki）三角形，在所给的四个三角形图案中，着色的小三角形个数构成数列 $\{a_n\}$ 的前 4 项，则 $\{a_n\}$ 的通项公式可以是（　　）

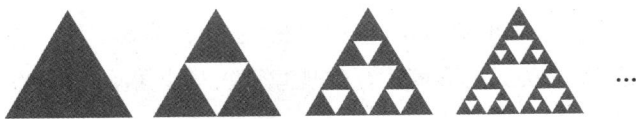

图 3-2

A. $a_n = 3^{n-1}$ 　　　　B. $a_n = 2n - 1$ 　　　C. $a_n = 3^n$ 　　　D. $a_n = 2^{n-1}$

答案：A.

解析：着色的小三角形个数构成数列 $\{a_n\}$ 的前 4 项，分别为 $a_1 = 1$，$a_2 = 3$，$a_3 = 3 \times 3 = 9$，因此，$\{a_n\}$ 的通项公式可以是 $a_n = 3^{n-1}$.

杨辉三角

杨辉三角是二项式系数在三角形中的一种几何排列，最早在中国南宋数学家杨辉 1261 年所著的《详解九章算法》一书中出现．在欧洲，帕斯卡（1623－1662）在 1654 年发现了这一规律，所以这个表又叫做帕斯卡三角形．帕斯卡的发现比杨辉要迟 393 年，比贾宪迟 600 年．

杨辉三角是中国古代数学的杰出研究成果之一，它把二项式系数图形化，把组合数内在的一些代数性质直观地在图形中体现出来，是一种离散型的数与形的结合．

例 18：如图 3－3，"杨辉三角"（1261 年）是中国古代重要的数学成就，它比西方的"帕斯卡三角"（1653 年）早了 300 多年．在"杨辉三角"的基础上，德国数学家莱布尼茨发现了如图 3－4 所示的单位分数三角形（单位分数是分子为 1，分母为正整数的分数），称为莱布尼茨三角形．

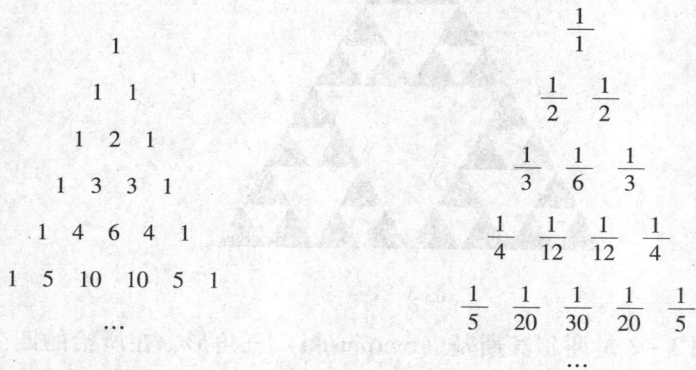

$$
\begin{array}{ccccccc}
 & & & 1 & & & \\
 & & 1 & & 1 & & \\
 & & 1 & 2 & 1 & & \\
 & 1 & 3 & & 3 & 1 & \\
 1 & & 4 & 6 & 4 & & 1 \\
1 & 5 & 10 & & 10 & 5 & 1 \\
 & & & \cdots & & &
\end{array}
$$

$$
\begin{array}{ccccc}
 & & \dfrac{1}{1} & & \\
 & \dfrac{1}{2} & & \dfrac{1}{2} & \\
 \dfrac{1}{3} & & \dfrac{1}{6} & & \dfrac{1}{3} \\
 \dfrac{1}{4} & \dfrac{1}{12} & & \dfrac{1}{12} & \dfrac{1}{4} \\
 \dfrac{1}{5} & \dfrac{1}{20} & \dfrac{1}{30} & \dfrac{1}{20} & \dfrac{1}{5} \\
 & & \cdots & &
\end{array}
$$

图 3－3　杨辉三角　　　　　　　图 3－4　莱布尼茨三角形

请回答下列问题：

（1）记 S_n 为杨辉三角中第 n 行各个数字之和，求 S_4，S_7，并归纳出 S_n；

（2）根据莱布尼茨三角形前 5 行的规律依次写出第 6 行的数．

解析：

（1）$S_4 = 8 = 2^3$，$S_7 = 64 = 2^6$，

$\therefore S_n = 2^{n-1}$.

（2）莱希尼茨三角形中每个数字都是其两脚的数字和，

故第 6 行为 $\dfrac{1}{6}$　$\dfrac{1}{30}$　$\dfrac{1}{60}$　$\dfrac{1}{60}$　$\dfrac{1}{30}$　$\dfrac{1}{6}$.

数学文化介绍：　毕达哥拉斯学派

毕达哥拉斯学派亦称"南意大利学派"，公元前 800 – 前 500 年由古希腊哲学家毕达哥拉斯及其信徒组成的学派．他们多是自然科学家，把美学视为自然科学的一个组成部分．

毕达哥拉斯学派把数看作是真实物质对象的终极组成部分．数不能离开感觉到的对象而独立存在，他们认为数是宇宙的要素．所以，他们很注意研究数，也开始研究数的理论和数的性质，并注重实际的计算．他们还依据几何和哲学的神秘性来对"数"进行分类，按照几何图形分类，分成"三角形数""正方形数""长方形数""五角形数"等．

毕达哥拉斯还认为自己发现了著名的"勾股定理"，据说毕达哥拉斯为了庆贺自己的业绩，杀了一百头牛（事实上，中国古人比毕达哥拉斯更早地提出了勾股定理）．

毕达哥拉斯学派的算术与几何学有着密切联系．他们的根据是堆成各种形状的一堆堆的鹅卵石或石头，这样他们就用图形来表达数——三角形数，正方形数等．起始 n 个自然数的和，即 $\dfrac{n(n+1)}{2}$，形成一个三角形数．起始 n 个奇数的和，即 $1+3+5+\cdots+(2n-1)$，形成一个正方形数．但是人们发现，这和毕达哥拉斯学派的另一发现有着严重的抵触，那就是正方形的对角线与其一边的比不能表示为两个整数之比，因此无法再主张所有的量都有一个共同的度量．某些线和其他线不能通约的问题对毕达哥拉斯学派不仅成了一块严重的绊脚石，而且，后来历史证明其在整个希腊几何学史上也是一块绊脚石．由于人们试图寻找一种不使算术完全脱离几何学的解决办法，这就导致了一种新型数的引进，那就是无理数．也正是由于无理数的引入，引发了第一次数学危机．

毕达哥拉斯学派在对数的发现中，不断追求"美"的形式．他们认为日、月都是球形，浮悬在太空中，这是最完美的立体，而圆是最完美的平面图，曾被誉为"巧妙的比例"，而染上各种各样瑰丽诡秘色彩的"黄金分割"也是这个学派首先认识到的．

例 19： 传说古希腊毕达哥拉斯学派的数学家经常在沙滩上面用点或小石子表示数. 他们研究过如图 3 - 5 所示的三角形数, 将三角形数 1, 3, 6, 10, …记为数列 $\{a_n\}$, 将可被 5 整除的三角形数按从小到大的顺序组成一个新数列 $\{b_n\}$, 可以推测：

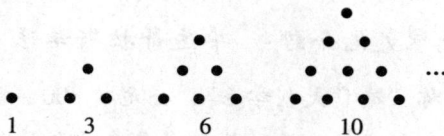

图 3 - 5

（1）b_{2012} 是数列 $\{a_n\}$ 中的第_____项.

（2）$b_{2k-1} = $_____.（用 k 表示）

答案：（1）5030. （2）$\dfrac{5k(5k-1)}{2}$.

解析： 由题意可得, $a_n = 1 + 2 + 3 + \cdots + n = \dfrac{n(n+1)}{2}$, $n \in \mathbf{N}^*$,

故 $b_1 = a_4$, $b_2 = a_5$, $b_3 = a_9$, $b_4 = a_{10}$, $b_5 = a_{14}$, $b_6 = a_{15}$,

由上述规律可知, $b_{2k} = a_{5k} = \dfrac{5k(5k+1)}{2}$ $(k \in \mathbf{N}^*)$,

$$b_{2k-1} = a_{5k-1} = \dfrac{5k(5k-1)}{2} \ (k \in \mathbf{N}^*),$$

故 $b_{2012} = b_{2 \times 1006} = a_{5 \times 1006} = a_{5030}$,

即 b_{2012} 是数列 $\{a_n\}$ 中的第 5030 项.

数学文化介绍： 冰雹猜想 （角谷猜想）

1976 年的一天,《华盛顿邮报》于头版头条报道了一条数学新闻. 文中记载了这样一个故事：70 年代中期, 美国各所名牌大学校园内, 人们都像发疯一般, 夜以继日, 废寝忘食地玩一个数学游戏. 这就是著名的"冰雹猜想".

这个猜想大约在 20 世纪 30 年代由德国数学家洛萨·科拉茨提出, 因为由美籍日本数学家角谷静夫带到日本, 故又称为"角谷猜想". 这是一个迷人的数学问题, 它的形式非常简单, 要理解这个问题, 所需的知识不会超过小学三年级的水平, 因此, 吸引了无数的数学爱好者和数学家去尝试证明或否定它, 但是大家都无功而返.

这个游戏十分简单：任意写出一个自然数 N, 并且按照以下的规律进行变换：

如果是一个奇数，则下一步变成 $3N+1$.

如果是一个偶数，则下一步变成 $\dfrac{N}{2}$.

不单单是学生，甚至连教师、研究员、教授与老学究都纷纷加入研究队伍中. 为什么这个游戏的魅力经久不衰？因为人们发现，无论 N 是怎样一个数字，最终都无法逃脱回到谷底 1. 准确地说，是无法逃出落入底部的 4 - 2 - 1 循环，永远也逃不出这样的宿命.

无论这个过程中的数多么庞大，但结果就像瀑布一样迅速坠落. 而其他的数字即使不是如此，在经过若干次的变换之后也必然回到纯偶数：16 - 8 - 4 - 2 - 1 的循环. 据日本和美国的数学家攻关研究，小于 7×10^{11} 的所有自然数都符合这个规律.

例 20：（2009 年湖北卷理 15）已知数列 $\{a_n\}$ 满足 $a_1 = m$（m 为正整数），

$$a_{n+1} = \begin{cases} \dfrac{a_n}{2}, & \text{当 } a_n \text{ 为偶数时,} \\ 3a_n + 1, & \text{当 } a_n \text{ 为奇数时,} \end{cases}$$ 若 $a_6 = 1$，则 m 所有可能的取值

为_____.

解析：

（1）若 $a_1 = m$ 为偶数，则 $\dfrac{a_1}{2}$ 为正偶数，

$\therefore a_2 = \dfrac{m}{2}$，$a_3 = \dfrac{a_2}{2} = \dfrac{m}{4}$，

当 $\dfrac{m}{4}$ 仍为偶数时，$a_4 = \dfrac{a_3}{2} = \dfrac{m}{8}$，$\cdots$，$\therefore a_6 = \dfrac{m}{32} = 1$，即 $m = 32$.

当 $\dfrac{m}{4}$ 为奇数时，$a_4 = 3a_3 + 1 = \dfrac{3m}{4} + 1$，$\cdots$，

$a_6 = \dfrac{\dfrac{3m}{4} + 1}{4} = 1$，$\therefore m = 4$.

（2）若 $a_1 = m$ 为奇数，则 $a_2 = 3a_1 + 1 = 3m + 1$ 为偶数，

$\therefore a_3 = \dfrac{3m+1}{2}$ 必为偶数，$\cdots$，$a_6 = \dfrac{3m+1}{16}$，$\therefore \dfrac{3m+1}{16} = 1$，可得 $m = 5$.

综上所述，m 只能为 4 或 5 或 32.

第 四 章

传统文化与不等式

一、勾股弦图

1700 多年前，赵爽绘制了极富创意的弦图，采用"出入相补"原理使得勾股定理的证明不证自明. 图 4−1 是"风车"形状的弦图，是 2002 年在北京召开的第 24 届国际数学家大会的会标，是依据我国古代著名数学家赵爽在研究勾股定理的弦图进行设计，颜色的明暗使它看上去像一个风车，代表中国人民的热情好客，也代表人类的聪明才智.

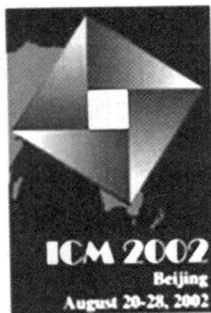

图 4−1

例 1：（依据人教课本改编）公元 3 世纪，中国数学家赵爽"负薪余日，聊观《周髀》". 他在给《周髀算经》"勾股圆方图"作注时，给出图 4−2 所示的"大方图". 赵爽写道："以图考之，倍弦实满外大方而多黄实. 黄实之多，即勾股差实. 以差实减之，开其余，得外大方. 大方之面，即勾股并也."其意思是四个全等的直角三角形可以如图 4−2 所示围成一个大正方形，中空的部分是一个小正方形. 那么如果只考虑大正方形的面积和四个直角三角形的面积，我们可以得到不等式_____.

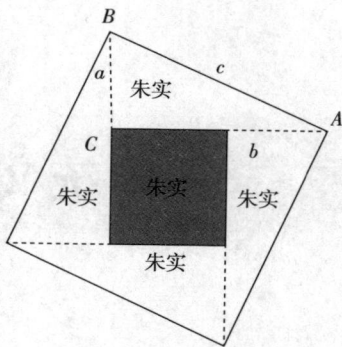

图 4-2

答案：$a^2 + b^2 > 2ab$.

解析：

人教版用赵爽的弦图发现四个直角三角形的面积小于正方形的面积，进而化简得到不等式 $a^2 + b^2 > 2ab$. "风车"弦图不仅让学生感受到数学图形构造的精巧与优美，也让学生认识到我国古代辉煌的数学成就. 学生通过赵爽的弦图形象地构建了基本不等式，体验到了数学的形象性思维，完整地经历了知识的产生、发展和变化的过程.

例 2：第 24 届国际数学家大会会标是以我国古代数学家赵爽的弦图为基础进行设计的. 如图 4-3 所示，会标是由四个全等的直角三角形与一个小正方形拼成的一个大正方形. 如果小正方形的面积为 1，大正方形的面积为 25，直角三角形中较大的锐角为 θ，那么 $\tan\left(\theta + \dfrac{\pi}{4}\right) =$ _____.

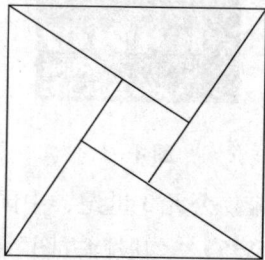

图 4-3

答案：-7.

解析：依题意得，大、小正方形的边长分别是 5，1，于是有 $5\sin\theta - 5\cos\theta = 1\left(0 < \theta < \dfrac{\pi}{2}\right)$，即有 $\sin\theta - \cos\theta = \dfrac{1}{5}$.

而 $(\sin\theta+\cos\theta)^2 = 2 - (\sin\theta-\cos\theta)^2 = \dfrac{49}{25}$，则 $\sin\theta+\cos\theta = \dfrac{7}{5}$，

因此 $\sin\theta = \dfrac{4}{5}$，$\cos\theta = \dfrac{3}{5}$，$\tan\theta = \dfrac{4}{3}$，

故 $\tan\left(\theta+\dfrac{\pi}{4}\right) = \dfrac{\tan\theta+1}{1-\tan\theta} = -7$.

例 3："勾股定理"在西方被称为"毕达哥拉斯定理"，三国时期吴国的数学家赵爽创制了一幅"勾股圆方图"，用数形结合的方法给出了勾股定理的详细证明. 如图 4-4 所示的"勾股圆方图"中，四个相同的直角三角形与中间的小正方形拼成一个边长为 2 的大正方形，若直角三角形中较小的锐角 $\alpha = \dfrac{\pi}{6}$，现在向该正方形区域内随机地投掷一枚飞镖，飞镖落在小正方形内的概率是（   ）

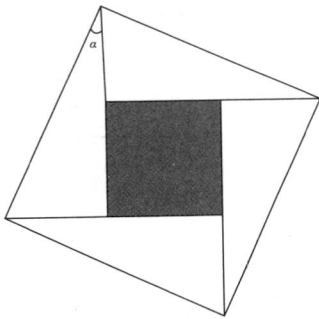

图 4-4

A. $1 - \dfrac{\sqrt{3}}{2}$ B. $\dfrac{\sqrt{3}}{2}$ C. $\dfrac{4-\sqrt{3}}{4}$ D. $\dfrac{\sqrt{3}}{4}$

答案：A.

解析：设小正方形的边长为 x，由于 $\sin\alpha = \dfrac{1}{2}$，$\cos\alpha = \dfrac{\sqrt{3}}{2}$，

即 $\dfrac{x+1}{2} = \dfrac{\sqrt{3}}{2}$，则 $x = \sqrt{3}-1$，

故飞镖落在小正方形内的概率 $P = \dfrac{\left(\sqrt{3}-1\right)^2}{4} = \dfrac{4-2\sqrt{3}}{4} = 1 - \dfrac{\sqrt{3}}{2}$.

以上命题均取材于第 24 届国际数学家大会会标，题干大气，设问自然，流露出丰富的文化内涵. 题目既巧妙地考查了不等式、三角函数、概率等相关知识，又丰富了弦图的内涵，如正方形四边相等寓意各国及来宾地位平等，小正

方形和三角形紧紧簇拥在一起, 寓意各国数学家要密切合作交流.

二、勾股容方

勾股容方源于《九章算术》第九卷《勾股》章第十五题: "今有勾五步, 股十二步, 问勾中容方几何? 答曰: 三步十七分步之九. 术曰: 并勾股为法, 勾股相乘为实, 实如法而一, 得方一步." 设直角三角形的直角边为 a 和 b, 则上述解法相当于说, 与直角三角形具有公共直角的内接正方形边长为 $d = \dfrac{ab}{a+b}$.

公元 263 年, 布衣数学家刘徽为《九章算术》作注, 他利用出入相补原理证明了上述公式, 事实上, 刘徽的勾股容方图也是均值不等式的几何模型.

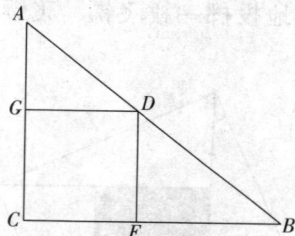

图 4 - 5

例 4: (2013 年上海市春季高考卷) 如图 4 - 6 所示, 某校有一块形如直角三角形 ABC 的空地, 其中 $\angle B$ 为直角, AB 长 40 米, BC 长 50 米, 现欲在此空地上建造一间健身房, 其占地形状为矩形, 且 B 为矩形的一个顶点, 求该健身房的最大占地面积.

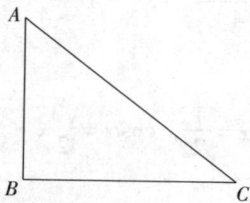

图 4 - 6

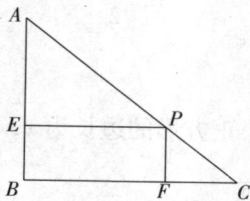

图 4 - 7

解析: 如图 4 - 7 所示, 设矩形为 $EBFP$, 其中 FP 长为 x 米, 则 $0 < x < 40$, 健身房占地面积为 y 平方米. 因为 $\triangle CFP \backsim \triangle CBA$,

所以 $\dfrac{FP}{BA} = \dfrac{CF}{CB}$, 即 $\dfrac{x}{40} = \dfrac{50 - BF}{50}$,

求得 $BF = 50 - \dfrac{5}{4}x$，

从而 $y = BF \cdot FP = \left(50 - \dfrac{5}{4}x\right)x = -\dfrac{5}{4}x^2 + 50x = -\dfrac{5}{4}(x-20)^2 + 500 \leqslant 500$，

当且仅当 $x = 20$ 时，等号成立.

答：该健身房的最大占地面积为 500 平方米.

例 5：（2013 年陕西卷）在如图 4 - 8 所示的锐角三角形空地中，欲建一个面积不小于 300m^2 的内接矩形花园（阴影部分），则其边长 x（单位：m）的取值范围是（　　　）

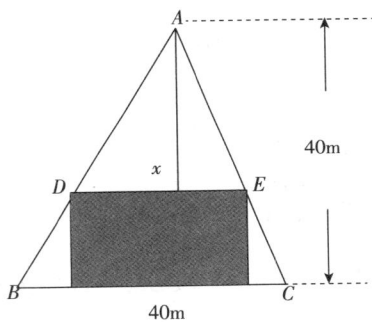

图 4 - 8

A. [15，20]　　　B. [12，25]　　　C. [10，30]　　　D. [20，30]

答案：C.

解析：如图 4 - 8 所示，$\triangle ADE \backsim \triangle ABC$，设矩形的另一边长为 y，

则 $\dfrac{x}{40} = \dfrac{40-y}{40}$，所以 $y = 40 - x$，

又 $xy \geqslant 300$，所以 $x(40-x) \geqslant 300$，

即 $x^2 - 40x + 300 \leqslant 0$，解得 $10 \leqslant x \leqslant 30$.

三、均值不等式

均值不等式是中学数学的重要课题，迄今为止，人们已经给出了很多种证明或推导方法，人们耳熟能详的弦图模型和半圆模型来源于古代中国和希腊的数学史．早在 4 世纪，古希腊数学家帕普斯在其代表作《数学汇编》第 3 卷第 2 部分就给出了算术平均、几何平均、调和平均三种平均数的理论．

例 6：（2010 年湖北卷）设 $a > 0$，$b > 0$，称 $\dfrac{2ab}{a+b}$ 为 a，b 的调和平均数．如

图 4-9 所示，C 为线段 AB 上的点，且 $AC = a$，$CB = b$，O 为 AB 中点，以 AB 为直径作半圆. 过点 C 作 AB 的垂线，交半圆于点 D. 连接 OD，AD，BD. 过点 C 作 OD 的垂线，垂足为 E. 则图中线段 OD 的长度是 a，b 的算术平均数，线段 _____ 的长度是 a，b 的几何平均数，线段 _____ 的长度是 a，b 的调和平均数.

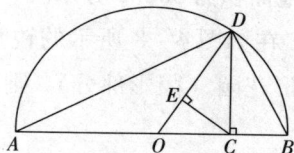

图 4-9

答案：CD，DE.

解析：因为 $\mathrm{Rt}\triangle DEC \backsim \mathrm{Rt}\triangle DCO$，

所以 $\dfrac{DE}{CD} = \dfrac{CD}{OD}$，从而 $DE = \dfrac{CD^2}{OD}$.

依题意可得，$OD = \dfrac{a+b}{2}$，$AC \cdot CB = CD^2$，所以 $CD = \sqrt{ab}$，$DE = \dfrac{2ab}{a+b}$，

即线段 DE 的长度是 a，b 的调和平均数.

本题将线段 OD，CD 融入相关直角三角形中，利用三角形相似进行计算，再结合调和平均数的定义即可得到正确结果. 嵌入几何意义考查不等式，凸显了经典数学名题的深邃内涵和命题专家的过人之处.

例7：（2014 年湖北卷）设 $f(x)$ 是定义在 $(0, +\infty)$ 上的函数，且 $f(x) > 0$，对任意 $a > 0$，$b > 0$，若经过点 $(a, f(a))$，$(b, -f(b))$ 的直线与 x 轴的交点为 $(c, 0)$，则称 c 为 a，b 关于函数 $f(x)$ 的平均数，记为 $M_f(a, b)$. 例如，当 $f(x) = 1 \ (x > 0)$ 时，可得 $M_f(a, b) = c = \dfrac{a+b}{2}$，即 $M_f(a, b)$ 为 a，b 的算术平均数.

（1）当 $f(x) =$ _____ $(x > 0)$ 时，$M_f(a, b)$ 为 a，b 的几何平均数.

（2）当 $f(x) =$ _____ $(x > 0)$ 时，$M_f(a, b)$ 为 a，b 的调和平均数 $\dfrac{2ab}{a+b}$.

（以上两空只需各写出一个符合要求的函数即可）

答案：（1）$f(x) = \sqrt{x} \ (x > 0)$.

（2）$f(x)=x\ (x>0)$.

本题作为新定义试题是高考的当前热点，同时这也为今后高考数学文化的命题提供了一个视角，即命题者通过数学史中的相关概念作为新定义，与高中数学知识点相结合，考查学生正确理解题意，将新问题转化为所熟悉的问题，通过归纳、猜想、推理、转化，进而解决问题的能力，能充分体现出学生所具备的数学核心素养.

四、伯努利不等式（Bernoulli inequality）与导数

伯努利不等式，又名贝努利不等式，形式简单，内涵丰富，在高等数学中更是有着广泛的应用. 比如，利用伯努利不等式能够简洁明快地证明算术－几何平均值不等式、权方和不等式等. 伯努利不等式是算术－几何平均值不等式的一个充分条件，在很多领域都非常有用，尤其在不等式的证明、求最值、函数的单调性等方面，灵活应用它可使一些较为复杂的问题迎刃而解，特别是近年来一些高考试题都含有伯努利不等式的背景.

伯努利不等式：

$(1+x)^n\geq 1+nx\ (x\geq -1,\ n$ 为正整数$)$.

伯努利不等式的一般形式：

设 n 个实数 x_1，x_2，x_3，$\cdots$，x_n 均大于 -1，并且正、负同号（约定实数 0 可以当作正数使用，也可以当作负数使用），那么

$(1+x_1)(1+x_2)(1+x_3)\cdots(1+x_n)\geq 1+x_1+x_2+x_3+\cdots+x_n$.

伯努利不等式的推广形式：

已知 $m\in\mathbf{R}$，且 m 是常数.

（1）当 $m>1$ 或 $m<0$ 时，不等式 $(1+x)^m\geq 1+mx\ (x>-1)$ 成立，当 $x=0$ 时，取等号.

（2）当 $0<m<1$ 时，不等式 $(1+x)^m\leq 1+mx\ (x>-1)$ 成立，当 $x=0$ 时，取等号.

例 8：（2007 年湖北卷）已知 m，n 为正整数.

（Ⅰ）用数学归纳法证明：当 $x\geq -1$ 时，$(1+x)^m\geq 1+mx$；

（Ⅱ）对于 $n\geq 6$，已知 $\left(1-\dfrac{1}{n+3}\right)^n<\dfrac{1}{2}$，求证：$\left(1-\dfrac{m}{n+3}\right)^n<\left(\dfrac{1}{2}\right)^m$，$m=1$，2，3，$\cdots$，$n$；

（Ⅲ）求出满足等式 $3^n + 4^n + 5^n + \cdots + (n+2)^n = (n+3)^n$ 的所有正整数 n.

解析：（Ⅰ）证：用数学归纳法证明：

① 当 $m=1$ 时，原不等式成立；当 $m=2$ 时，左边 $=1+2x+x^2$，右边 $=1+2x$，因为 $x^2 \geqslant 0$，所以左边 $\geqslant$ 右边，原不等式成立；

② 假设当 $m=k$ 时，不等式成立，即 $(1+x)^k \geqslant 1+kx$，则当 $m=k+1$ 时，$\because x \geqslant -1$，$\therefore 1+x \geqslant 0$，于是在不等式 $(1+x)^k \geqslant 1+kx$ 两边同乘 $1+x$ 得 $(1+x)^k \cdot (1+x) \geqslant (1+kx)(1+x) = 1+(k+1)x+kx^2 \geqslant 1+(k+1)x$，所以 $(1+x)^{k+1} \geqslant 1+(k+1)x$. 即当 $m=k+1$ 时，不等式也成立.

综合①②知，对一切正整数 m，不等式都成立.

（Ⅱ）证：当 $n \geqslant 6$，$m \leqslant n$ 时，由（Ⅰ）得 $\left(1+\dfrac{-1}{n+3}\right)^m \geqslant 1-\dfrac{m}{n+3} > 0$，

则 $\left(1-\dfrac{m}{n+3}\right)^n \leqslant \left[\left(1-\dfrac{1}{n+3}\right)^m\right]^n = \left[\left(1-\dfrac{1}{n+3}\right)^n\right]^m < \left(\dfrac{1}{2}\right)^m$，$m=1$，$2$，$3$，$\cdots$，$n$.

（Ⅲ）由（Ⅱ）知，当 $n \geqslant 6$ 时，$\left(1-\dfrac{1}{n+3}\right)^n + \left(1-\dfrac{2}{n+3}\right)^n + \cdots + \left(1-\dfrac{n}{n+3}\right)^n < \left(\dfrac{1}{2}\right)^1 + \left(\dfrac{1}{2}\right)^2 + \cdots + \left(\dfrac{1}{2}\right)^n = 1-\dfrac{1}{2^n} < 1$，

即 $\left(\dfrac{n+2}{n+3}\right)^n + \left(\dfrac{n+1}{n+3}\right)^n + \cdots + \left(\dfrac{3}{n+3}\right)^n < 1$，两边同乘 $(n+3)^n$ 可得，

$3^n + 4^n + 5^n + \cdots + (n+2)^n < (n+3)^n$，

即当 $n \geqslant 6$ 时，不存在满足该等式的正整数 n.

当 $n=1$ 时，$3 \neq 4$，等式不成立.

当 $n=2$ 时，$3^2+4^2=25=5^2$，等式成立.

当 $n=3$ 时，$3^3+4^3+5^3=216=6^3$，等式成立.

当 $n=4$ 时，等式左边 $3^4+4^4+5^4+6^4$ 是偶数，右边 7^4 是奇数，所以等式不成立.

当 $n=5$ 时，等式左边 $3^5+4^5+5^5+6^5+7^5$ 是奇数，右边 8^5 是偶数，所以等式不成立；

故综上所述，满足等式的 $n=2$，3.

例9：（2016年新课标Ⅲ卷文数）设函数 $f(x) = \ln x - x + 1$.

（Ⅰ）讨论 $f(x)$ 的单调性.

（Ⅱ）证明当 $x \in (1, +\infty)$ 时，$1 < \dfrac{x-1}{\ln x} < x$.

（Ⅲ）设 $c > 1$，证明当 $x \in (0, 1)$ 时，$1 + (c-1)x > c^x$.

解析：

（Ⅰ）由题设，$f(x)$ 的定义域为 $(0, +\infty)$，$f'(x) = \dfrac{1}{x} - 1$，

令 $f'(x) = 0$，解得 $x = 1$.

当 $0 < x < 1$ 时，$f'(x) > 0$；当 $x > 1$ 时，$f'(x) < 0$；

所以 $f(x)$ 在 $(0, 1)$ 上单调递增，在 $(1, +\infty)$ 上单调递减.

（Ⅱ）由（Ⅰ）知，$f(x)$ 在 $x = 1$ 处取得最大值，最大值为 $f(1) = 0$.

所以当 $x \neq 1$ 时，$\ln x < x - 1$.

故当 $x \in (1, +\infty)$ 时，$\ln x < x - 1$，$\ln \dfrac{1}{x} < \dfrac{1}{x} - 1$，

即 $1 < \dfrac{x-1}{\ln x} < x$.

（Ⅲ）方法一：由题设 $c > 1$，设 $g(x) = 1 + (c-1)x - c^x$，

则 $g'(x) = c - 1 - c^x \ln c$，令 $g'(x) = 0$，解得，$x_0 = \dfrac{\ln \dfrac{c-1}{\ln c}}{\ln c}$，

当 $x < x_0$ 时，$g'(x) > 0$，$g(x)$ 单调递增，

当 $x > x_0$ 时，$g'(x) < 0$，$g(x)$ 单调递减.

由（Ⅱ）知，$1 < \dfrac{c-1}{\ln c} < c$，故 $0 < x_0 < 1$，又 $g(0) = g(1) = 0$，故当 $0 < x < 1$ 时，$g(x) > 0$. 所以当 $x \in (0, 1)$ 时，$1 + (c-1)x > c^x$.

方法二：根据伯努利不等式的推广形式：已知 $m \in \mathbf{R}$，且 m 是常数.

（1）当 $m > 1$ 或 $m < 0$ 时，不等式 $(1+x)^m \geq 1 + mx(x > -1)$ 成立，当 $x = 0$ 时取等号.

（2）当 $0 < m < 1$ 时，不等式 $(1+x)^m \leq 1 + mx(x > -1)$ 成立，当 $x = 0$ 时取等号.

可以得出，当 $x \in (0, 1)$ 时，$(1 + c - 1)^x \leq 1 + (c-1)x \ (c > 0)$ 成立，

而由于 $c > 1$，所以当 $x \in (0, 1)$ 时，

则有 $(1 + c - 1)^x < 1 + (c-1)x$ 成立.

即 $1 + (c-1)x > c^x$.

高考数学压轴题多以函数和导数问题为背景，以不等式证明为框架命制，

立意深，综合性强，很好地考查了考生分析问题和解决问题的能力，当然也让绝大多数的考生"望题兴叹"，具有极佳的区分度．探源寻末，这些题目大都有着高等数学的背景，不禁让人感叹命题人的良苦用心．后来又有人命制相关的模拟题，将一些著名的不等式一一镶嵌在函数和导数问题中，百花齐放，争相斗艳．特别是新课标删去了不等式选讲后，还会有哪些著名的不等式会通过改头换面重新走进我们的视野，不禁让我们对将来的高考试卷充满了期待．

数学文化，狭义上是数学的思想、精神、方法、观点、语言，以及它们的形成和发展；广义上是除上述内涵以外，还包含数学家、数学史、数学美、数学教育，以及数学发展中的人文成分、数学与社会的联系、数学与各种文化的关系等．教育部在2017版的《普通高中数学课程标准》中就明确指出中学数学要优化课程结构，突出主线，精选内容，注重数学文化的渗透．而作为客观事物的基本数量关系——"等"与"不等"，不等式不仅仅只是帮助人们建立不等观念及处理不等关系和不等量问题，更深层次的是作为刻画和描述现实世界中事物不等关系的一种工具，是描述、刻画以及优化问题的一种数学模型，其运用也无处不在．

弘扬中国传统文化，尤其是数学文化，是今后高考数学命题的新"考向"，增加对数学文化的要求，是践行社会主义核心价值观、弘扬中国优秀传统文化的具体体现，通过对这些问题的解答能使考生深刻认识到中华民族优秀传统文化的博大精深和源远流长．

第 五 章
传统文化与立体几何

一、教学导向

教育部考试中心函件《关于 2017 年普通高考考试大纲修订内容的通知》，要求"增加中华优秀传统文化的考核内容，积极培育和践行社会主义核心价值观，充分发挥高考命题的育人功能和积极导向作用. 比如，在数学中增加数学文化的内容."

中国传统文化博大精深，据史料可知，有文字记载的文化历史也有数千年，它涵盖了许多领域，祖先留下的诸多思想和文献是我们宝贵的精神财富. 数学文化题是近几年课标全国卷中出现的新题型，在高考中，数学文化题多以选择题或填空题的形式考查，难度适中或较容易.

在本章中以立体几何与传统文化的融合为专题，将数学文化与数学知识相结合，选取典型样题深度解读. 要做到通过阅读题目，将传统文化给出的题目转化为数学语言给出的问题，得到题中给出的几何体和有关的数据，从而转化为几何问题，再利用有关知识解决相关问题.

二、典例解析

例 1：我国古代数学名著《数书九章》中有"天池盆测雨"题：在下雨时，用一个圆台形的天池盆接雨水. 天池盆盆口直径为二尺八寸，盆底直径为一尺二寸，盆深一尺八寸. 若盆中积水深九寸，则平地降雨量是（   ）寸.

（注：①平地降雨量等于盆中积水体积除以盆口面积；②一尺等于十寸）

A. 1   B. 2   C. 3   D. 4

答案：C.

解析：如图 5 – 1 所示，由题意可知，天池盆上底面半径为 14 寸，下底面半径为 6 寸，高为 18 寸.

∵ 积水深 9 寸，

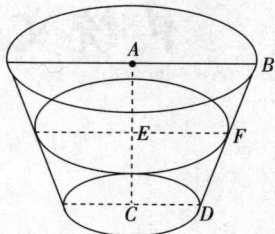

图 5 – 1

∴ 水面半径为 $\frac{1}{2}$（14 + 6）= 10 寸，

则盆中水的体积为 $\frac{1}{3}\pi \times 9 \times$（$6^2 + 10^2 + 6 \times 10$）= 588$\pi$（立方寸）.

∴ 平地降雨量等于 $\frac{588\pi}{\pi \times 14^2}$ = 3（寸）.

故选 C.

例2：《九章算术》卷五《商功》记载一个问题："今有圆堡墼，周四丈八尺，高一丈一尺. 问积几何？答曰：二千一百一十二尺. 术曰：周自相乘，以高乘之，十二而一". 这里所说的圆堡墼就是圆柱体，它的体积为"周自相乘，以高乘之，十二而一."也就是说，圆堡墼（圆柱体）的体积为 $V = \frac{1}{12} \times$（底面的圆周长的平方×高），则由此可推得圆周率 π 的取值为（注：1 丈 = 10 尺）
（　　）

A. 3　　　　　B. 3.14　　　　　C. 3.2　　　　　D. 3.3

答案：A.

解析：由题意，圆柱体底面的圆周长 48 尺，高 11 尺，

∵ 圆堡墼（圆柱体）的体积 $V = \frac{1}{12} \times$（底面的圆周长的平方×高），

∴ $V = \frac{1}{12} \times$（$48^2 \times 11$）= 2112，

设底面圆的半径为 R，∴ $\begin{cases} 2\pi R = 48, \\ \pi R^2 \times 11 = 2112, \end{cases}$

$\therefore \pi = 3.$

例 3：《九章算术》商功章有题：一圆柱形谷仓，高 1 丈 3 尺 3 $\dfrac{1}{3}$ 寸，容纳米 2000 斛（1 丈 = 10 尺，1 尺 = 10 寸，斛为容积单位，1 斛 ≈ 1.62 立方尺，$\pi \approx 3$），则圆柱底圆周长约为（　　　）

A. 1 丈 3 尺　　　B. 5 丈 4 尺　　　C. 9 丈 2 尺　　　D. 48 丈 6 尺

答案：B.

解析：设圆柱形谷仓底面半径为 r 尺，

由题意得，谷仓高 $h = \dfrac{40}{3}$ 尺.

于是谷仓的体积 $V = \pi r^2 \cdot h \approx 2000 \times 1.62$，

解得，$r \approx 9.$

$\therefore$ 圆柱底圆周长约为 $2\pi r \approx 54$ 尺 = 5 丈 4 尺.

例 4：《算数书》竹简于 20 世纪 80 年代在湖北省江陵县张家山出土，这是我国现存最早的系统化的数学典籍，其中记载有求"囷盖"的术："置如其周，令相乘也. 又以高乘之，三十六成一". 该术相当于给出了由圆锥的底面周长 L 与高 h，计算其体积 V 的近似公式 $V \approx \dfrac{1}{36}L^2 h$. 它实际上是将圆锥体积公式中的圆周率 π 近似取为 3. 那么，近似公式 $V \approx \dfrac{2}{75}L^2 h$ 相当于将圆锥体积公式中的 π 近似取为（　　　）

A. $\dfrac{22}{7}$　　　　B. $\dfrac{25}{8}$　　　　C. $\dfrac{157}{50}$　　　　D. $\dfrac{355}{113}$

答案：B.

解析：由题意知，$\dfrac{2}{75}L^2 h \approx \dfrac{1}{3}\pi r^2 h \Rightarrow \dfrac{2}{75}L^2 \approx \dfrac{1}{3}\pi r^2$，而 $L = 2\pi r$，代入得

$\pi \approx \dfrac{25}{8}.$

例 5：在《九章算术》中，将有三条棱互相平行且有一个面为梯形的五面体称之为羡除，现有一个羡除如图 5 - 2 所示，面 $ABCD$，面 $ABFE$，面 $CDEF$ 均为等腰梯形，$AB /\!/ CD /\!/ EF$，$AB = 6$，$CD = 8$，$EF = 10$，EF 到面 $ABCD$ 的距离为 3，CD 与 AB 间的距离为 10，则这个羡除的体积是（　　　）

A. 110　　　　B. 116　　　　C. 118　　　　D. 120

答案：D.

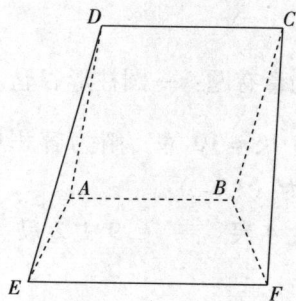

图 5 - 2

解析： 如图 5 - 3 所示，过 A 作 $AP \perp CD$，$AM \perp EF$，过 B 作 $BQ \perp CD$，$BN \perp EF$，垂足分别为 P，M，Q，N，

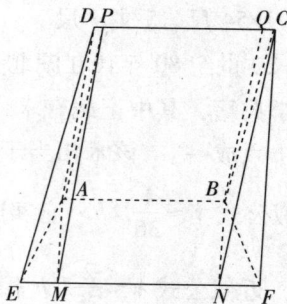

图 5 - 3

将一侧的几何体放到另一侧，组成一个直三棱柱，底面积为 $\frac{1}{2} \times 10 \times 3 = 15$.

棱柱的高为 8，$\therefore V = 15 \times 8 = 120$.

故选 D.

例 6： 刘徽在他的《九章算术注》中提出一个独特的方法来计算球体的体积. 他不直接给出球体的体积，而是先计算另一个叫"牟合方盖"的立体的体积. 刘徽通过计算，"牟合方盖"的体积与球的体积之比应为 $\frac{4}{\pi}$. 后人导出了"牟合方盖"的 $\frac{1}{8}$ 的体积计算公式，即 $\frac{1}{8} V_{牟} = r^3 - V_{方盖差}$，$r$ 为球的半径，也即正方体的棱长均为 $2r$，从而计算出 $V_{球} = \frac{4}{3} \pi r^3$. 记所有棱长都为 r 的正四棱锥的体积为 $V_{正}$，棱长为 $2r$ 的正方体的方盖差为 $V_{方盖差}$，则 $\frac{V_{方盖差}}{V_{正}}$ 等于（　　　　）

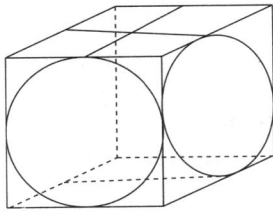

图 5 – 4

A. $\dfrac{1}{2}$　　　　B. $\dfrac{\sqrt{2}}{2}$　　　　C. $\sqrt{2}$　　　　D. $\sqrt{3}$

答案： C.

解析： 由题意，$V_{方盖差} = r^3 - \dfrac{1}{8}V_{牟} = r^3 - \dfrac{1}{8} \times \dfrac{4}{\pi} \times \dfrac{4}{3} \times \pi \times r^3 = \dfrac{1}{3}r^3$，

所有棱长都为 r 的正四棱锥的体积为

$$V_{正} = \dfrac{1}{3} \times r \times r \times \sqrt{r^2 - \left(\dfrac{\sqrt{2}}{2}r\right)^2} = \dfrac{\sqrt{2}}{6}r^3，$$

$$\therefore \dfrac{V_{方盖差}}{V_{正}} = \dfrac{\dfrac{1}{3}r^3}{\dfrac{\sqrt{2}}{6}r^3} = \sqrt{2}.$$

例 7： "牟合方盖"是我国古代数学家刘徽在研究球的体积的过程中构造的一个和谐优美的几何体．它由完全相同的四个曲面构成，相对的两个曲面在同一个圆柱的侧面上，好似两个扣合（牟合）在一起的方形伞（方盖）．其直观图如图 5 – 5 所示，图中四边形是为体现其直观性所作的辅助线，当其正视图与侧视图完全相同时，它的正视图和俯视图分别可能是（　　　）

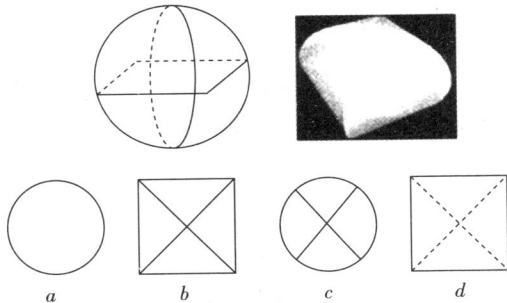

　　　a　　　　　　b　　　　　　c　　　　　　d

图 5 – 5

A. a，b　　　　B. a，c　　　　C. c，b　　　　D. b，d

答案：A.

解析：由直观图可知，其正视图与侧视图完全相同，则其只能是圆，这时其俯视图就是正方形加对角线（实线）．"牟合方盖"是我国古代利用立体几何模型和数学思想方法解决数学问题的代表之一．本题取材于"牟合方盖"，通过加工改造，添加解释和提供直观图的方式降低了题意的理解难度．解题从识"图"到想"图"再到构"图"，考生要经历分析、判断的逻辑过程．另外，我国古代数学中的其他著名几何体，如"阳马""鳖臑"和"堑堵"等的三视图问题都有可能在高考中考查．

例8：刘徽在他的《九章算术注》中提出一个独特的方法来计算球体的体积：他不直接给出球体的体积，而是先计算另一个叫"牟合方盖"的立体的体积．刘徽通过计算，"牟合方盖"的体积与球的体积之比应为 $4:\pi$，即 $V_{牟}:V_{球}=4:\pi$，也导出了"牟合方盖"的 $\frac{1}{8}$ 的体积计算公式，即 $\frac{1}{8}V_{牟}=r^3-V_{方盖差}$，从而计算出 $V_{球}=\frac{4}{3}\pi r^3$．记所有棱长都为 r 的正四棱锥的体积为 $V_{正}$，则（　　）

A. $V_{方盖差}>V_{正}$　　　　　　　　B. $V_{方盖差}=V_{正}$

C. $V_{方盖差}<V_{正}$　　　　　　　　D. 以上三种情况都有可能

答案：A.

解析：由题意，$V_{方盖差}=r^3-\frac{1}{8}V_{牟}=r^3-\frac{1}{8}\times\frac{4}{\pi}\times\frac{4}{3}\pi r^3=\frac{1}{3}r^3$，

所有棱长都为 r 的正四棱锥的体积为 $V_{正}=\frac{1}{3}\times r\times r\times\sqrt{r^2-\left(\frac{\sqrt{2}}{2}r\right)^2}=\frac{\sqrt{2}}{6}r^3$，

∴ $V_{方盖差}>V_{正}$．

例9：我国古代数学名著《数书九章》中有云："今有木长二丈四尺，围之五尺．葛生其下，缠木两周，上与木齐，问葛长几何？"其意思为"圆木长2丈4尺，圆周为5尺，葛藤从圆木的底部开始向上生长，绕圆木两周，刚好顶部与圆木平齐，问葛藤最少长多少尺？"（注：1丈等于10尺）（　　）

A.29尺　　　　B.24尺　　　　C.26尺　　　　D.30尺

答案：C.

解析：由题意，圆柱的侧面展开图是矩形，一条直角边（即木棍的高）长24尺，另一条直角边长 $5\times2=10$（尺），因此葛藤长 $\sqrt{24^2+10^2}=26$（尺）.

例10：《九章算术》是我国古代内容极为丰富的数学名著，书中有如下问

题："今有米依垣内角，下周九尺，高五尺，问积及为米几何?"其意思为："在屋内墙角处堆放米（如图 5-6 所示，米堆为一个圆锥的四分之一），米堆底部的弧长为 9 尺，米堆的高为 5 尺，问米堆的体积和堆放的米各为多少?"已知 1 斛米的体积约为 1.62 立方尺，圆周率约为 3，估算出堆放的米有(　　)

图 5-6

A. 14 斛　　　　B. 28 斛　　　C. 36 斛　　　D. 66 斛

答案： B.

解析： 设圆锥的底面半径为 r，则 $\frac{\pi}{2}r=9$，解得 $r=\frac{18}{\pi}$，

故米堆的体积为 $\frac{1}{4}\times\frac{1}{3}\times\pi\times\left(\frac{18}{\pi}\right)^2\times5\approx45$，

∵ 1 斛米的体积约为 1.62 立方尺，

∴ 堆放的米有 $45\div1.62\approx28$ 斛.

例 11： 《九章算术》是我国古代著名数学经典. 其中对勾股定理的论述比西方早一千多年，其中有这样一个问题："今有圆材埋在壁中，不知大小. 以锯锯之，深一寸，锯道长一尺. 问径几何?"其意为：今有一圆柱形木材，埋在墙壁中，不知其大小，用锯去锯该材料，锯口深一寸，锯道长一尺. 问这块圆柱形木料的直径是多少? 长为 1 丈的圆柱形木材部分镶嵌在墙体中，截面图如图5-7所示（阴影部分为镶嵌在墙体内的部分）. 已知弦 $AB=1$ 尺，弓形高 $CD=1$ 寸，估算该木材镶嵌在墙中的体积约为(　　)

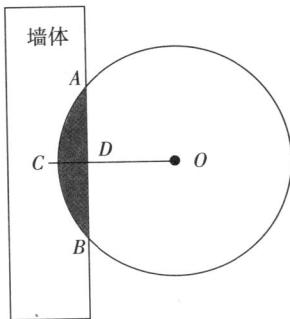

图 5-7

$\left(\text{注：1 丈}=10\text{ 尺}=100\text{ 寸，}\pi\approx3.14，\sin22.5°\approx\frac{5}{13}\right)$

A. 600 立方寸　　B. 610 立方寸　　C. 620 立方寸　　D. 633 立方寸

答案： D.

解析：如图 5 - 8 所示，

$AB = 10$（寸），则 $AD = 5$（寸），$CD = 1$（寸），

设圆 O 的半径为 x（寸），则 $OD = (x - 1)$（寸），

在 Rt$\triangle ADO$ 中，由勾股定理可得，$5^2 + (x - 1)^2 = x^2$，

解得，$x = 13$（寸）.

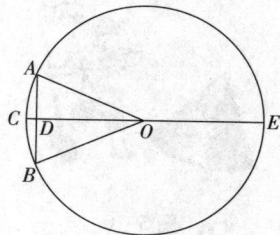

图 5 - 8

$\therefore \sin \angle AOD = \dfrac{AD}{AO} = \dfrac{5}{13}$，

即 $\angle AOD \approx 22.5°$，则 $\angle AOB = 45°$.

则弓形 ACB 的面积 $S = \dfrac{1}{2} \times \dfrac{\pi}{4} \times 13^2 - \dfrac{1}{2} \times 10 \times 12 \approx 6.33$（平方寸）.

则该木材镶嵌在墙中的体积约为 $V = 6.33 \times 100 = 633$（立方寸）.

故选 D.

例 12： 鲁班锁是中国传统的智力玩具，起源于古代汉族建筑中首创的榫卯结构，这种三维的拼插器具内部的凹凸部分（即榫卯结构）啮合十分巧妙，从外观看是严丝合缝的十字立方体，其上下、左右、前后完全对称. 从外表上看，六根等长的正四棱柱体分成三组，经 90°榫卯起来，如图 5 - 9 所示，若正四棱柱体的高为 6，底面正方形的边长为 1，现将该鲁班锁放进一个球形容器内，则该球形容器的表面积的最小值为_____.（容器壁的厚度忽略不计）

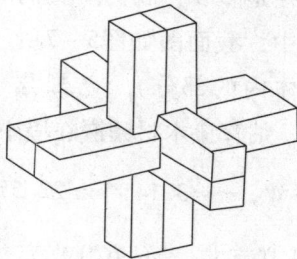

图 5 - 9

答案：41π.

解析：由题意，该球形容器的半径的最小值为 $\frac{1}{2}\sqrt{36+4+1}=\frac{\sqrt{41}}{2}$，

∴ 该球形容器的表面积的最小值为 $4\pi\cdot\frac{41}{4}=41\pi$.

例 13：沙漏是古代的一种计时装置，它由两个形状完全相同的容器和一个狭窄的连接管道组成，开始时细沙全部在上部容器中，细沙通过连接管道全部流到下部容器所需要的时间称为该沙漏的一个沙时. 如图 5 - 10 所示，某沙漏由上、下两个圆锥组成，圆锥的底面直径和高均为 8cm，细沙全部在上部时，其高度为圆锥高度的 $\frac{2}{3}$（细管长度忽略不计）.

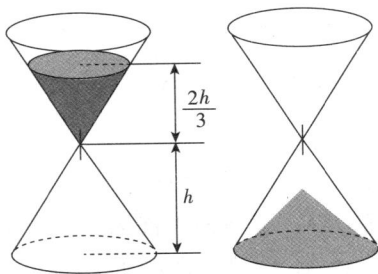

图 5 - 10

（1）如果该沙漏每秒钟漏下 0.02cm^3 的沙，则该沙漏的一个沙时为多少秒（精确到 1 秒）？

（2）细沙全部漏入下部后，恰好堆成一个盖住沙漏底部的圆锥形沙堆，求此锥形沙堆的高度（精确到 0.1cm）.

答案：（1）开始时，沙漏上部分圆锥中的细沙的高为

$H=\frac{2}{3}\times8=\frac{16}{3}$，底面半径为 $r=\frac{2}{3}\times4=\frac{8}{3}$，

$V=\frac{1}{3}\pi r^2 H=\frac{1}{3}\pi\times\left(\frac{8}{3}\right)^2\times\frac{16}{3}=39.71$，

$V\div0.02=1986$（秒）.

所以沙全部漏入下部约需 1986 秒.

（2）细沙漏入下部后，圆锥形沙堆的底面半径为 4，

设高为 H'，

$V=\frac{1}{3}\pi\times4^2\times H'=\frac{1024}{81}\pi$，

$H' = \dfrac{64}{27} \approx 2.4.$

即锥形沙堆的高度约为 2.4cm.

例 14：《九章算术》中，将底面为长方形且有一条侧棱与底面垂直的四棱锥称之为阳马，将四个面都为直角三角形的四面体称之为鳖臑. 如图 5 - 11 所示，在阳马 $P - ABCD$ 中，侧棱 $PD \perp$ 底面 $ABCD$，且 $PD = CD$，过棱 PC 的中点 E，作 $EF \perp PB$ 交 PB 于点 F，连接 DE、DF、BD、BE.

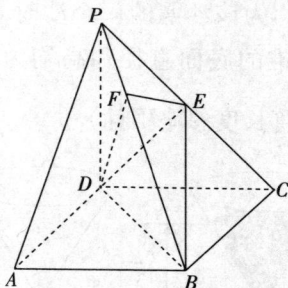

图 5 - 11

（1）证明：$PB \perp$ 平面 $DEF.$ 试判断四面体 $DBEF$ 是否为鳖臑，若是，写出其每个面的直角（只需写出结论）；若不是，说明理由.

（2）若面 DEF 与面 $ABCD$ 所成二面角的大小为 $\dfrac{\pi}{3}$，求 $\dfrac{DC}{BC}$ 的值.

答案：（1）以 D 为原点，射线 DA，DC，DP 分别为 x，y，z 轴的正半轴，建立空间直角坐标系，如图 5 - 12 所示.

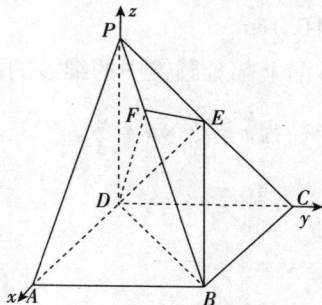

图 5 - 12

设 $PD = DC = 1$，$BC = \lambda$ （$\lambda > 0$），

则 D (0，0，0)，P (0，0，1)，B (λ，1，0)，C (0，1，0)，

$\overrightarrow{PB} = (\lambda, 1, -1)$,

因为点 E 是棱 PC 的中点,

所以 $E\left(0, \dfrac{1}{2}, \dfrac{1}{2}\right)$, $\overrightarrow{DE} = \left(0, \dfrac{1}{2}, \dfrac{1}{2}\right)$,

于是 $\overrightarrow{PB} \cdot \overrightarrow{DE} = 0$, 所以 $PB \perp DE$.

又已知 $EF \perp PB$, 而 $DE \cap EF = E$,

所以 $PB \perp$ 平面 DEF.

因为 $\overrightarrow{PC} = (0, 1, -1)$,

所以 $\overrightarrow{DE} \cdot \overrightarrow{PC} = 0$,

所以 $DE \perp PC$, 而 $PB \cap PC = P$,

所以 $DE \perp$ 平面 PBC.

由 $DE \perp$ 平面 PBC, $PB \perp$ 平面 DEF,

可知四面体 $BDEF$ 的四个面都是直角三角形,

即四面体 $BDEF$ 是一个鳖臑,

其四个面的直角分别为 $\angle DEB$, $\angle DEF$, $\angle EFB$, $\angle DFB$.

(2) 由 $PD \perp$ 平面 $ABCD$,

所以 $\overrightarrow{DP} = (0, 0, 1)$ 是平面 $ABCD$ 的一个法向量.

由 (1) 知, $PB \perp$ 平面 DEF,

所以 $\overrightarrow{BP} = (-\lambda, -1, 1)$ 是平面 DEF 的一个法向量.

若面 DEF 与面 $ABCD$ 所成二面角的大小为 $\dfrac{\pi}{3}$,

则 $\cos\dfrac{\pi}{3} = \dfrac{|\overrightarrow{BP} \cdot \overrightarrow{DP}|}{|\overrightarrow{BP}| \cdot |\overrightarrow{DP}|} = \left|\dfrac{1}{\sqrt{\lambda^2 + 2}}\right| = \dfrac{1}{2}$,

结合 $\lambda > 0$, 解得 $\lambda = \sqrt{2}$,

所以 $\dfrac{DC}{BC} = \dfrac{1}{\lambda} = \dfrac{\sqrt{2}}{2}$,

故当面 DEF 与面 $ABCD$ 所成二面角的大小为 $\dfrac{\pi}{3}$ 时,

$\dfrac{DC}{BC} = \dfrac{\sqrt{2}}{2}$.

例 15：《九章算术》中将底面是直角三角形的直三棱柱称之为"堑堵"．一块"堑堵"形石材表示的三视图如图 5-13 所示．将该石材切削、打磨，加工成若干个相同的球，并尽量使每个球的体积最大，则所剩余材料的体积为（　　）

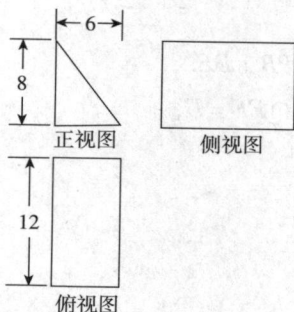

图 5-13

A. $288-48\pi$　　　　B. $288-16\pi$　　　　C. $288-32\pi$　　　　D. $288-4\pi$

答案：C.

解析：由三视图知，该直三棱柱的底面直角三角形，直角边分别为 6 与 8，要使每个球的体积最大，则球与三个侧面相切，求得三角形内切圆半径为 2，即球的直径为 4，根据棱柱的高为 12，故最多可加工成 3 个半径为 2 的球，即可求出剩余的体积为 $\dfrac{1}{2}\times 6\times 8\times 12-3\times\dfrac{4}{3}\pi\times 2^3=288-32\pi$.

例 16：玉琮是古代祭祀的礼器，如图 5-14 为西周时期的"凤鸟纹饰"玉琮，其形对称，呈扁矮方柱状，内圆外方，前后对穿圆孔，两端留有短射，蕴含古人"璧圆象天，琮方象地"的天地思想，该玉琮的三视图及尺寸数据（单位：cm）如图 5-14 所示．根据三视图可得该玉琮的体积（单位：cm³）为（　　）

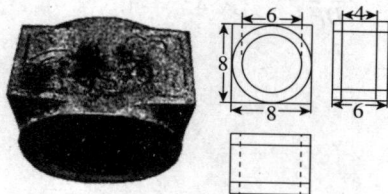

图 5-14

A. $256+14\pi$　　　　B. $256+16\pi$　　　　C. $256-29\pi$　　　　D. $256-22\pi$

答案：D.

解析：由三视图可知，该几何体的体积为 $8 \times 8 \times 4 - \pi \times 3^2 \times 4 + [\pi \times 4^2 \times 2 - \pi \times 3^2 \times 2] = 256 - 22\pi$，故选 D.

例 17：《九章算术》商功章有题：一圆柱形谷仓，高 1 丈 3 尺 3 $\frac{1}{3}$ 寸，容纳米 2000 斛（1 丈 = 10 尺，1 尺 = 10 寸，斛为容积单位，1 斛 ≈ 1.62 立方尺，$\pi \approx 3$），则圆柱底面圆周长约为（   ）

A. 1 丈 3 尺   B. 5 丈 4 尺   C. 9 丈 2 尺   D. 48 丈 6 尺

答案：B.

解析：设圆柱底面圆半径为 r 尺，高为 h 尺，依题意，圆柱体积为 $V = \pi r^2 h = 2000 \times 1.62 \approx 3 \times r^2 \times 13.33$，所以 $r^2 \approx 81$，即 $r \approx 9$，所以圆柱底面圆周长为 $2\pi r \approx 54$，54 尺 = 5 丈 4 尺，则圆柱底面圆周长约为 5 丈 4 尺，故选 B.

本题属于生活中谷物储存问题，源于《九章算术》第五章"商功"，结合立体几何中的基础知识进行设问，强化了数学文化的传承和数学应用意识的培养. 我国古代数学强调"经世济用"，涉及的研究大多与实际生活、生产联系紧密，体现出明显的问题式和综合性的特征. 立体几何中几何体体积公式是常考内容，例如 2014 年湖北卷第 10 题和 2015 年高考全国卷 I 第 6 题均考查了圆锥的体积公式.

例 18：我国南北朝时期数学家、天文学家——祖暅，提出了著名的祖暅原理："幂势既同，则积不容异". "幂"是截面积，"势"是几何体的高，意思是两等高立方体，若在每一等高处的截面积都相等，则两立方体体积相等. 已知某不规则几何体与如图 5-15 所对应的几何体满足"幂势同"，则该不规则几何体的体积为（   ）

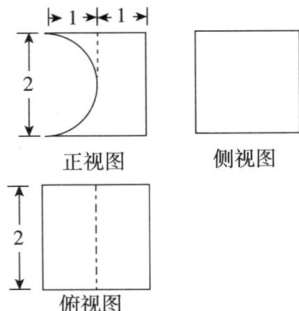

图 5-15

A. $4-\dfrac{\pi}{2}$ B. $8-\dfrac{4\pi}{3}$ C. $8-\pi$ D. $8-2\pi$

答案：C.

解析：由祖暅原理可知，该不规则几何体的体积与已知三视图的几何体体积相等. 根据题设所给的三视图，可知图中的几何体是从一个正方体中挖去一个半圆柱，正方体的体积为 $2^3=8$，半圆柱的体积为 $\dfrac{1}{2}\times(\pi\times1^2)\times2=\pi$，因此该不规则几何体的体积为 $8-\pi$，故选 C.

祖暅原理是我国古代数学家祖暅提出的一个有关几何求积的著名定理，祖暅提出这个原理，要比其他国家的数学家早一千多年. 人民教育出版社《数学必修2》（A版）第30页"探究与发现"中专门介绍了祖暅原理. 本题取材于祖暅原理，考查几何体的三视图和体积计算，既检测了考生的基础知识和基本技能，又展示了中华民族的优秀传统文化.

与传统文化相关的数学内容应该渗透到课堂教学之中. 这些要渗透的内容，就相当于数学课程中配给学生的"副食品"，它能够与"主食"共同丰富学生的"数学营养". 其中与知识点相关的数学史，一部分可由教师做介绍，帮助学生作进一步的了解，一部分可以让学生在课余去查阅相关史料，进一步加深了解，建议可以结合"主食"，鼓励学生写出相关的数学史小论文——烹调出可口的"副食点心".

关于数学问题的处理，除了将其中一部分派给学生（或合作或独立）在课外去探讨解决外，另一部分是可以在课堂上引导学生解决的（其中也可以在课堂上由教师提示思路或师生共同探讨出解题过程的某些部分，再让学生在课后继续完成）. 为了达到教师引导学生比较顺利地学习与了解这些应该渗透的内容之目的，教师必须至少对选配在课程中的古代数学问题有深刻的理解，并且对数学史也要有相当的了解.

第 六 章

传统文化与圆锥曲线

一、《四元玉鉴》

争荡秋千（西江月）

平地秋千未起，踏板一尺离地，

送行二步与人齐，五尺人高曾记.

仕女佳人争蹴，终朝笑话欢嬉，

良工高师素好奇，算出索长有几?

注释：古时 1 丈 = 10 尺，1 尺 = 10 寸. 这里 1 步 = 5 尺，唐代以后的度量衡.

译文：秋千静挂时，踏板离地的高度是 1 尺. 现在晃出两步的距离，踏板离地的高度为 5 尺. 仕女佳人争着荡秋千，一整天都欢声笑语；工匠师傅们好奇的是秋千绳索有多长呢?

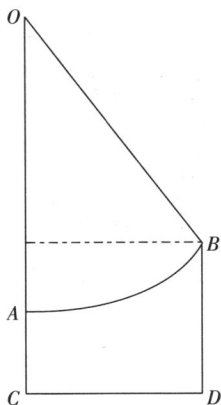

图 6 - 1

解法：以 C 为原点建立平面直角坐标系，踏板移动轨迹即为圆弧，索长为半径 R，O $(0，R+1)$，B $(10，5)$.

设踏板轨迹方程为 $x^2 + (y-R-1)^2 = R^2$，

将点 B 坐标代入圆的方程，即可得 $R=14.5$.

即索长为 14.5.

探源：这道题是根据元代朱世杰《四元玉鉴》卷中之六"或问歌象"第六道诗题改编而成.

显然，古算家所改编诗题的语言朴素自然、诗意盎然、耐人寻味，意境奔放豪迈，形象生动，点染出一幅古代少男少女们荡秋千欢乐嬉戏的生活画面，给人新颖别致的感觉. 通过词意的窗口，看到了古代浓郁的乡土气息和时代的风貌，引人遐想、联想，韵味无穷. 她们的喜悦和快乐勾起青少年们的美好回忆，把他们带回了童年.

二、嫦娥奔月

例 1：2016 年 1 月 14 日，国防科工局宣布，"嫦娥四号"任务已经通过了探月工程重大专项领导小组审议，正式开始实施. 如图 6-2 所示，假设"嫦娥四号"卫星沿地月转移轨道飞向月球后，在月球附近一点 P 变轨进入以月球球心 F 为一个焦点的椭圆轨道 I 绕月飞行，之后卫星在 P 点第二次变轨进入仍以 F 为一个焦点的椭圆轨道 II 绕月飞行. 若用 $2c_1$ 和 $2c_2$ 分别表示椭圆轨道 I 和 II 的焦距，用 $2a_1$ 和 $2a_2$ 分别表示椭圆轨道 I 和 II 的长轴长，给出下列式子：

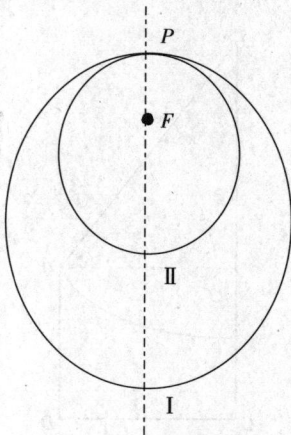

图 6-2

①$a_1 + c_1 = a_2 + c_2$；②$a_1 - c_1 = a_2 - c_2$；③$\dfrac{c_1}{a_1} < \dfrac{c_2}{a_2}$；④$c_1 a_2 > a_1 c_2$.

其中正确式子的序号是（　　）

A. ①③　　　　　B. ①④　　　　　C. ②③　　　　　D. ②④

解析：观察图形可知，$a_1 + c_1 > a_2 + c_2$，即①式不正确；$a_1 - c_1 = a_2 - c_2 = |PF|$，即②式正确；由 $a_1 - c_1 = a_2 - c_2 > 0$，$c_1 > c_2 > 0$ 知，$\dfrac{a_1 - c_1}{c_1} < \dfrac{a_2 - c_2}{c_2}$，

即 $\dfrac{a_1}{c_1} < \dfrac{a_2}{c_2}$，从而 $c_1 a_2 > a_1 c_2$，$\dfrac{c_1}{a_1} > \dfrac{c_2}{a_2}$，即④式正确，③式不正确. 故选 D.

体会：本题抓住"嫦娥奔月"这个古老而又现代的浪漫话题，以探测卫星轨道为背景，抽象出共一条对称轴、一个焦点和一个顶点的两个椭圆的几何性质，并以加减乘除的方式构造出两个等式和两个不等式来考查椭圆的几何性质，可谓匠心独运. 本题对考生的数学能力进行了比较全面的考查，是一道名副其实的小中见大、常中见新、蕴文化于应用之中的好题. 注意到椭圆Ⅰ和Ⅱ同一个顶点 P 和焦点 F，题目所给四个式子涉及长半轴长和半焦距，因此可以从椭圆的焦距入手求解.

三、《九章算术》

例2：《九章算术》是我国古代内容极为丰富的数学名著，第九章"勾股"，讲述了"勾股定理"及一些应用，还提出了一元二次方程的解法问题. 直角三角形的三条边长分别称"勾""股""弦". 设 F_1，F_2 分别是双曲线 $\dfrac{x^2}{a^2} - \dfrac{y^2}{b^2} = 1$ （$a > 0$，$b > 0$）的左、右焦点，P 是该双曲线右支上的一点，若 $|PF_1|$，$|PF_2|$ 分别是 Rt$\triangle F_1PF_2$ 的"勾"和"股"，且 $|PF_1| \cdot |PF_2| = 4ab$，则双曲线的离心率为（　　）

A. $\sqrt{2}$　　　　　B. $\sqrt{3}$　　　　　C. 2　　　　　D. $\sqrt{5}$

详解：由双曲线的定义得，$|PF_1| - |PF_2| = 2a$，所以 $(|PF_1| - |PF_2|)^2 = 4a^2$，

即 $|PF_1|^2 + |PF_2|^2 - 2|PF_1||PF_2| = 4a^2$，由题意得 $PF_1 \perp PF_2$，所以 $|PF_1|^2 + |PF_2|^2 = |F_1F_2|^2 = 4c^2$，所以 $4c^2 - 8ab = 4a^2$，解得 $b = 2a$，从而得离心率 $e = \dfrac{c}{a} = \sqrt{5}$.

故选 D.

四、圆锥曲线论

例 3：如图 6 - 3 所示，一个圆柱形乒乓球筒，高为 20 厘米，底面半径为 2 厘米. 球筒的上底和下底分别粘有一个乒乓球，乒乓球与球筒底面及侧面均相切（球筒和乒乓球厚度忽略不计）. 一个平面与两乒乓球均相切，且此平面截球筒边缘所得的图形为一个椭圆，则该椭圆的离心率为（　　）

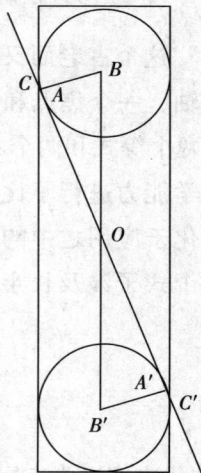

图 6 - 3

A. $\dfrac{\sqrt{15}}{4}$　　　　B. $\dfrac{1}{5}$　　　　C. $\dfrac{2\sqrt{6}}{5}$　　　　D. $\dfrac{1}{4}$

解析：对圆柱沿底面直径进行纵切，如图 6 - 3 所示：

切点为 A，A'，与圆柱面相交于 C，C'，此时可知 CC' 即为椭圆的长轴 $2a$，在直角三角形 $\triangle ABO$ 中，$AB = 2$，$BO = \dfrac{20 - 2 \times 2}{2} = 8$，$\therefore \sin \angle AOB = \dfrac{AB}{OB} = \dfrac{2}{8} = \dfrac{1}{4}$. 又因为 $\sin \angle AOB = \dfrac{r}{OC}$，所以 $a = OC = \dfrac{2}{\sin \angle AOB} = 8$，由平面与圆柱所截轨迹可知椭圆短轴即为圆柱底面直径的长，即 $2b = 4$，则求得 $c = \sqrt{a^2 - b^2} = 2\sqrt{15}$，$\therefore e = \dfrac{c}{a} = \dfrac{\sqrt{15}}{4}$，故选 A.

五、理论联系实际

例 4：如图 6 – 4 所示，A 地在 B 地东偏北 45° 方向相距 $2\sqrt{2}$km 处，B 地与东西走向的高铁线（近似看成直线）l 相距 4km. 已知曲线形公路 PQ 上任意一点到 B 地的距离等于到高铁线 l 的距离，现要在公路旁建造一个变电房 M（变电房与公路之间的距离忽略不计）分别向 A 地、B 地送电.

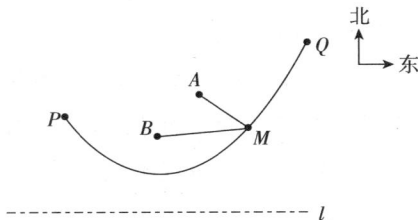

图 6 – 4

（Ⅰ）试建立适当的直角坐标系求环形公路 PQ 所在曲线的轨迹方程.

（Ⅱ）问变电房 M 应建在相对 A 地的什么位置（方位和距离），才能使得架设电路所用电线长度最短？并求出最短长度.

解析：（Ⅰ）如图 6 – 5 所示，取经过点 B 且垂直 l 的直线为 y 轴，垂足为 K，并使原点与线段 BK 的中点重合，建立直角坐标系 xOy，则 B（0，2），A（2，4）. 因为环形公路 PQ 上任意一点到 B 地的距离等于到直线 l 的距离，所以 PQ 所在的曲线是以 B（0，2）为焦点，l 为准线的抛物线. 设抛物线方程为 $x^2 = 2py$（$p > 0$），则 $p = 4$，

∴ 环形公路 PQ 所在曲线的轨迹方程为 $x^2 = 8y$.

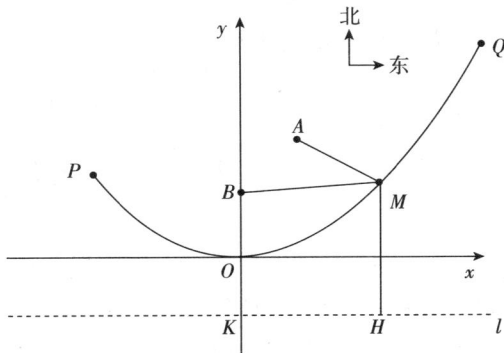

图 6 – 5

（Ⅱ）要使架设电线长度最短，即 $|MA|+|MB|$ 最小，过 M 作 $MH \perp l$，垂足为 H，依题意 $|MB|=|MH|$，

$\therefore |MA|+|MB|=|MA|+|MH|$，

当 A，M，H 三点共线时，$|MA|+|MH|$ 取得最小值，即 $|MA|+|MB|$ 取得最小值，此时 $M\left(2, \dfrac{1}{2}\right)$，且位于 A 地正南方且与 A 地相距 $\dfrac{7}{2}$ km，此时所用电线最短长度为 6km.

例5： 有一块正方形菜地 $EFGH$，EH 所在直线是一条小河，收获的蔬菜可送到 F 点或河边运走. 于是，菜地分为两个区域 S_1 和 S_2，其中 S_1 中的蔬菜运到河边较近，S_2 中的蔬菜运到 F 点较近，而菜地内 S_1 和 S_2 的分界线 C 上的点到河边与到 F 点的距离相等，现建立平面直角坐标系，其中原点 O 为 EF 的中点，点 F 的坐标为（1，0），如图 6-6 所示.

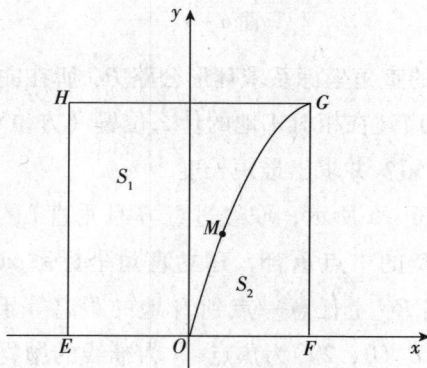

图 6-6

（1）求菜地内的分界线 C 的方程.

（2）菜农从蔬菜运量估计出 S_1 面积是 S_2 面积的两倍，由此得到 S_1 面积的"经验值"为 $\dfrac{8}{3}$. 设 M 是 C 上纵坐标为 1 的点，请计算以 EH 为一边，另一边过点 M 的矩形及五边形 $EOMGH$ 的面积，并判断哪一个更接近于 S_1 面积的"经验值".

解析： （1）由 C 上的点到直线 EH 与到点 F 的距离相等，知 C 是以 F 为焦点，以 EH 为准线的抛物线在正方形 $EFGH$ 内的部分.

（2）通过计算矩形面积，五边形面积以及矩形面积与"经验值"之差的绝对值，五边形面积与"经验值"之差的绝对值，比较二者大小即可.

试题解析:

(1) 因为 C 上的点到直线 EH 与到点 F 的距离相等,所以 C 是以 F 为焦点,以 EH 为准线的抛物线在正方形 $EFGH$ 内的部分,其方程为 $y^2 = 4x$($0 < y < 2$).

(2) 依题意,点 M 的坐标为 $\left(\dfrac{1}{4},\ 1\right)$.

所求的矩形面积为 $\dfrac{5}{2}$,而所求的五边形面积为 $\dfrac{11}{4}$.

矩形面积与"经验值"之差的绝对值为 $\left|\dfrac{5}{2} - \dfrac{8}{3}\right| = \dfrac{1}{6}$,而五边形面积与"经验值"之差的绝对值为 $\left|\dfrac{11}{4} - \dfrac{8}{3}\right| = \dfrac{1}{12}$,所以五边形面积更接近于 S_1 面积的"经验值".

体会: 本题以实际生活为例,考查抛物线的实际应用,"出奇"之处在于有较浓的"几何味",巧妙考查了几何图形的面积,解题关键在于能正确读懂题意.

第 七 章

传统文化与概率统计

数学文化是人类文化宝库中的奇葩,《课标》在其"课程的基本理念"中明确提出"体现数学的文化价值"的课程理念. 在高考中, 基于数学文化价值的试题也越来越受命题专家的青睐, 含有数学文化气息的试题正在成为一种常态, 构成高考试题中一道亮丽的风景线. 下面我们一起来欣赏一些与概率统计有关的数学文化题.

一、与数学文化有关的概率问题

例 1: 欧阳修的《卖油翁》中写到:"(翁) 乃取一葫芦, 置于地, 以钱覆其口, 徐以杓酌油沥之, 自钱孔入, 而钱不湿." 可见"行行出状元", 卖油翁的技艺让人叹为观止. 若铜钱是直径为 3cm 的圆, 中间有边长为 1cm 的正方形孔, 若随机向铜钱上滴一滴油 (油滴的直径可忽略不计), 则正好落入孔中的概率是_____.

图 7-1

解析: 将实际问题转化为数学中的几何概型问题, 关键是要求出铜钱的面积和中间正方形孔的面积, 然后代入几何概型计算公式进行求解. 依题意, 所

求概率为 $P = \dfrac{1^2}{\pi \cdot \left(\dfrac{3}{2}\right)^2} = \dfrac{4}{9\pi}$.

体会：从中国古代文学作品中选取素材考查数学问题，丰富了数学文化问题的取材途径．其一，增强了数学问题的生活化，使数学的应用更贴近考生的生活实际；其二，有利于考生分析问题和解决问题，这对稳定考生在考试中的情绪和心态起到了较好的效果；其三，探索了数学试题插图的新形式，给出了如何将抽象的数学问题直观化的范例．

例2：数学与文学有许多奇妙的联系，如诗中有回文诗："儿忆父兮妻忆夫"，既可以顺读也可以逆读．数学中有回文数，如 343，12521 等，两位数的回文数有 11，22，33，…，99 共 9 个，则三位数的回文数中，偶数的概率是_____．

解析：三位数的回文数为 ABA，

A 有 1 到 9 共 9 种可能，即 1B1，2B2，3B3，…，9B9，

B 有 0 到 9 共 10 种可能，即 A0A，A1A，A2A，A3A，…，A9A，

故共有 $9 \times 10 = 90$ 个．

其中 A 是偶数，共 4 种可能，即 2B2，4B4，6B6，8B8，

B 有 0 到 9 共 10 种可能，即 A0A，A1A，A2A，A3A，…，A9A，

故共有 $4 \times 10 = 40$ 个．

∴ 三位数的回文数中，偶数的概率 $P = \dfrac{40}{90} = \dfrac{4}{9}$.

体会："回文"是指正读反读都能读通的句子，它是古今中外都有的一种修辞方式和文字游戏．在数学中也有这样一类数字有这样的特征，称为回文数．通过这种文化背景的设置，一个原本枯燥无味的与计数原理和古典概型有关的问题变得趣味盎然．

例3：（2017·全国卷Ⅰ文4、理2）如图 7-2 所示，正方形内的图形来自中国古代的太极图，正方形内切圆中的黑色部分和白色部分关于正方形的中心成中心对称．在正方形内随机取一点，则此点取自黑色部分的概率是（　　）

A. $\dfrac{1}{4}$ B. $\dfrac{\pi}{8}$ C. $\dfrac{1}{2}$ D. $\dfrac{\pi}{4}$

解析：设正方形边长为 2，则圆半径为 1，所以正方形的面积为 $2 \times 2 = 4$，圆的面积为 $\pi \times 1^2 = \pi$. 图中黑色部分的面积为 $\dfrac{\pi}{2}$，所以此点选自黑色部分的概

图 7 - 2

率为 $\dfrac{\pi}{8}$，故选 B.

体会： 我国传统文化中很多内容体现了数学的"对称美". 太极图是由黑、白两个鱼形纹组成的圆形图案，充分体现了互相转化、对称统一的形式美与和谐美.

例 4： 2011 年，国际数学协会正式宣布，将每年的 3 月 14 日设为国际数学节，来源是中国古代数学家祖冲之的圆周率. 为庆祝该节日，某校举办的数学嘉年华活动中，设计了如下有奖闯关游戏：参赛选手按第一关、第二关、第三关的顺序依次闯关，若闯关成功，分别获得 5 个学豆、10 个学豆、20 个学豆的奖励，游戏还规定，当选手闯过一关后，可以选择带走相应的学豆，结束游戏；也可以选择继续闯下一关，若有任何一关没有闯关成功，则全部学豆归零，游戏结束. 设选手甲第一关、第二关、第三关闯关成功的概率分别为 $\dfrac{3}{4}$，$\dfrac{2}{3}$，$\dfrac{1}{2}$，

选手选择继续闯关的概率均为 $\dfrac{1}{2}$，且各关之间闯关成功与否互不影响.

（1）求选手获得 5 个学豆的概率.

（2）求选手甲第一关闯关成功且所得学豆为零的概率.

解析：

（1）选手获得 5 个学豆说明第一关闯关成功并且没有参加后面的闯关活动，所以 $P\,(X=5)=\dfrac{3}{4}\times\dfrac{1}{2}=\dfrac{3}{8}$.

（2）设甲"第一关闯关成功且所得学豆为零"为事件 A，"第一关闯关成功第二关闯关失败"为事件 A_1，"前两关闯关成功第三关闯关失败"为事件 A_2，则 A_1，A_2 互斥，

$$P\,(A_1)=\dfrac{3}{4}\times\dfrac{1}{2}\times\left(1-\dfrac{2}{3}\right)=\dfrac{1}{8},$$

$$P\ (A_2)\ = \frac{3}{4} \times \frac{1}{2} \times \frac{2}{3} \times \frac{1}{2} \times \left(1 - \frac{1}{2}\right) = \frac{1}{16},$$

$$P\ (A)\ = P\ (A_1)\ + P\ (A_2)\ = \frac{1}{8} + \frac{1}{16} = \frac{3}{16}.$$

体会：本来是一个普普通通的概率计算题，通过增加一个国际数学节的介绍，既让学生了解了数学文化，又增强了民族自豪感.

二、与数学文化相关的统计问题

例5：《九章算术》是人类科学史上应用数学的最早巅峰，在研究比率方面的应用十分丰富，其中有"米谷粒分"问题：粮仓开仓收粮，粮农送来1534石，验得米内夹谷，随机抽样取米一把，数得254粒内夹谷28粒，则这批米内夹谷约（　　）

A. 134 石　　　　　B. 169 石　　　　　C. 268 石　　　　　D. 338 石

解析：设这批米内夹谷约为 x 石，根据随机抽样事件的概率得，$\frac{x}{1534} = \frac{28}{254}$，得 $x \approx 169$，故选 B. 事实上，1534 约是 254 的 6 倍，则 x 约是 28 的 6 倍.

体会：《九章算术》中用样本估计总体的统计思想，可感受到数学文化与人民生产生活的密切关系.

例6：原始社会时期，人们通过在绳子上打结来计算数量，即"结绳计数"，当时有位父亲，为了准确记录孩子的成长天数，在粗细不同的绳子上打结，由细到粗，满七进一，那么孩子已经出生多少天？（　　）

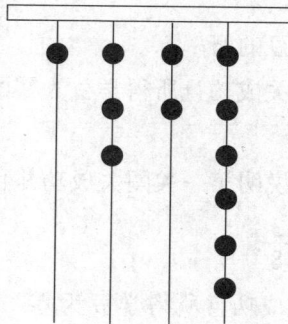

图 7 - 3

A. 1326　　　　　B. 510　　　　　C. 429　　　　　D. 336

解析：由题意，满七进一，可得如图 7 - 3 所示为七进制数，化为十进制数

为 $1 \times 7^3 + 3 \times 7^2 + 2 \times 7 + 6 = 510$．选 B．

体会：该题实质上是数学中的进位计数制问题，以"结绳计数"的背景给出，体现了数学既来源于生活，又服务于生活．

数学文化是多姿多彩的，以上所列举的例题均和高中数学课程中的概率统计问题相关，体现了数学文化与高中数学课程内容的有机结合．在思考此类问题时，要体会数学与自然及人类社会的密切联系，了解数学课程的价值，在雄厚扎实的基础知识和基本技能基础上，进一步延伸到思想和方法、精神等文化的层次，以达到对一定的数学文化层次的深刻理解．

三、"黄金分割"

例 7：设矩形的长为 a，宽为 b，其比值满足 $\dfrac{a}{b} = \dfrac{\sqrt{5}-1}{2} \approx 0.618$．这种矩形给人以美感，称为黄金矩形．黄金矩形常应用于工艺品设计中，下面是某工艺品厂随机抽取 2 个批次的初加工矩形宽度与长度的比值样本：

甲批次：0.598　0.625　0.628　0.595　0.639

乙批次：0.618　0.613　0.592　0.622　0.620

根据上述 2 个样本来估计 2 个批次的总体平均数，与标准值 0.618 比较，正确的结论是（　　）

A. 甲批次的总体平均数与标准值更接近

B. 乙批次的总体平均数与标准值更接近

C. 2 个批次总体平均数与标准值接近程度相同

D. 2 个批次总体平均数与标准值接近程度不能确定

解析：因为

$$\frac{1}{5}\left[(0.598-0.618)+(0.625-0.618)+(0.628-0.618)+(0.595-0.618)+(0.639-0.618)\right] = -0.001.$$

$$\frac{1}{5}\left[(0.618-0.618)+(0.613-0.618)+(0.592-0.618)+(0.622-0.618)+(0.620-0.618)\right] = -0.005.$$

所以 $|\bar{x}_甲 - 0.618| < |\bar{x}_乙 - 0.618|$，所以甲批次的总体平均数与标准值更接近．故选 A．

体会：黄金分割线是一种古老的数学方法，本题以其为背景，考查样本平均数和标准差等数字特征的计算.

四、"回文数"

例8：（2012 年湖北卷）回文数是指从左到右读与从右到左读都一样的正整数，如 22，121，3443，94249 等．显然，2 位回文数有 9 个：11，22，33，…，99；3 位回文数有 90 个：101，111，121，…，191，202，…，999．则

（1）4 位回文数有_____个.

（2）$2n+1$（$n \in \mathbf{N}_+$）位回文数有_____个.

解析：从左右对称入手考虑.

（1）4 位回文数第 1、4 位取同一个非零数字有 $C_9^1 = 9$ 种选法，第 2、3 位可取 0，有 10 种选法．故有 $9 \times 10 = 90$（个），即 4 位回文数有 90 个.

（2）首位和末位不能取 0，有 9 种选法，其余各位关于中间数对称，每两个数都有 10 种选法，中间数也有 10 种选法．故 $2n+1$（$n \in \mathbf{N}_+$）位回文数有 9×10^n 个.

设 n 是任一自然数，若将 n 的各位数字反向排列所得自然数 n_1 与 n 相等，则称 n 为回文数．例如，若 $n = 1234321$，则 n 为回文数；但若 $n = 1234567$，则 n 不是回文数.

体会：本题以回文数为背景，既考查组合数公式的应用，又考查了知识和信息的迁移能力，还能使学生领略到数学美和数学文化．另外，人们迄今未能找到 4 次方、5 次方以及更高次幂的回文数．于是数学家们猜想：不存在均是 n^k（$k \geq 4$，n，$k \in \mathbf{N}$）形式的回文数，但还没有被证实，这些有趣的回文数，至今还存在着许多不解之谜，值得我们展开研究性学习.

例9：明代数学家程大位著的《算法统宗》中记载：一百馒头一百僧，大僧三个更无僧；小僧三人分一个，大小和尚各几丁？意思是把 100 个馒头分给 100 个和尚，大和尚每人分得 3 个馒头，小和尚三人分得 1 个馒头，大小和尚各多少人.

解析：把三个小和尚当做一人，按分层抽样，大：小 = 3：1，故大和尚得到的馒头数为 $100 \times \dfrac{3}{4} = 75$ 个，人数 $\dfrac{1}{3} \times 75 = 25$ 人，小和尚得到的馒头数为 $100 \times \dfrac{1}{4} = 25$ 个，人数 $3 \times 25 = 75$ 人，故大和尚 25 人，小和尚 75 人.

第 八 章

传统文化与计数原理

人类在探索计数方法的过程中走过了漫长的历程，逐渐认识了数与形的概念．远古的人类在生产、生活中采用累石计数、结绳计数、刻木计数等；春秋战国时期出现了加法表、乘法表，人们开始倡导算而计之．计数方法随着历史的发展不断改进，计数原理也被人们总结出来．

《普通高中数学课程标准（2017 年版）》的课程性质、基本理念、课程目标、课程结构、实施建议等模块中对"数学文化"都有明确的要求，强调要将数学文化融入课程内容和数学教学活动中．其中，数学史、数学应用是体现数学文化最常用的两种数学文化教学内容载体．为了更好地展现数学的科学价值和人文价值，数学文化试题将作为一类重要的题型出现在考生面前．

根据《普通高中数学课程标准（2017 年版）》，计数原理被划分在选择性必修课程主题 3《概率与统计》里面．其主要包括：两个基本计数原理、排列与组合、二项式定理这三部分内容．

一、两个基本计数原理及排列组合

1. 公历日期

在中国古代的历法中，甲、乙、丙、丁、戊、己、庚、辛、壬、癸被称为"十天干"，子、丑、寅、卯、辰、巳、午、未、申、酉、戌、亥称作"十二地支"．两者按固定的顺序互相配合，组成了干支纪年法．天干中甲丙戊庚壬为阳，乙丁己辛癸为阴，地支中子寅辰午申戌为阳，丑卯巳未酉亥为阴，十个天干和十二个地支相配是阳配阳，阴配阴，如甲为阳，子为阳，可配成甲子，乙为阴，丑为阴，可以配成乙丑，甲为阳，丑为阴，不能相陪．

例 1：中国自古便有十天干（即甲、乙、丙、丁、戊、己、庚、辛、壬、癸）与十二地支（即子、丑、寅、卯、辰、巳、午、未、申、酉、戌、亥）. 天干地支纪年法，是把天干中排奇数号的与地支中排奇数号的任意搭配，但天干在前地支在后；或把天干中排偶数号的与地支中排偶数号的任意搭配，也是天干在前地支在后. 则在天干地支纪年法中，共有_____种情形. （用数字作答）

答案： 60.

解析： 由分步乘法计数原理可知，奇数号的搭配是 5×6 种情形，偶数号的搭配也是 5×6 种情形. 所以所求答案是 $5 \times 6 \times 2 = 60$.

2. 回文数

"回文"是指正读反读都能读通的句子，它是古今中外都有的一种修辞方式和文字游戏，如"我为人人，人人为我"等. 在数学中也有一类数字有这样的特征，称为回文数（palindrome number）.

设 n 是一任意自然数. 若将 n 的各位数字反向排列所得自然数 n_1 与 n 相等，则称 n 为回文数. 例如，若 $n = 1234321$，则称 n 为回文数；但若 $n = 1234567$，则 n 不是回文数.

例 2： （2012 年高考湖北卷理科第 13 题）回文数是指从左到右读与从右到左读都一样的正整数，如 22，121，3443，94249 等. 显然，2 位的回文数有 9 个：11，22，33，…，99. 3 位回文数有 90 个：101，111，121，…，191，202，…，999. 则

（1）四位回文数有_____个.

（2）$2n + 1$（$n \in \mathbf{N}^*$）位回文数有_____个.

答案： （1）90；（2）9×10^n.

解析：

（1）四位回文数的特点为中间两位相同，千位和个位数字相同但不能为零. 第一步，选千位和个位数字，共有 9 种选法；第二步，选中间两位数字，有 10 种选法；故 4 位回文数有 $9 \times 10 = 90$ 个，故答案为 90.

（2）第一步，选左边第一个数字，有 9 种选法；第二步，分别选左边第 2，3，4，…，n，$n + 1$ 个数字，共有 $10 \times 10 \times 10 \times \cdots \times 10 = 10^n$ 种选法，故 $2n + 1$（$n \in \mathbf{N}^*$）位回文数有 9×10^n 个.

3. 四色问题

"四色猜想"：对于任意的平面地图或球面地图，只需四种颜色就可把相邻的区域区分开来. 此猜想在 20 世纪 70 年代借助计算机已给出证明，但至今却

没有纯数学的证明，用纯数学的方法只证得 5 种颜色足够．所以，寻求四色猜想的纯数学证明仍然是数学界的努力方向．据说，爱因斯坦的数学导师闵可夫斯基就曾在课堂上给学生讲述过四色猜想的证明，终因难度大而挂了黑板．因为"地图着色"问题有这样的历史背景，所以此种题型受到了命题专家的青睐．

例 3：（2003 年高考全国卷 I 理科第 15 题）如图 8-1 所示，一个地区分为 5 个行政区域，现给地图着色，要求相邻地区不得使用同一颜色，现有 4 种颜色可供选择，则不同的着色方法共有_____种（以数字作答）．

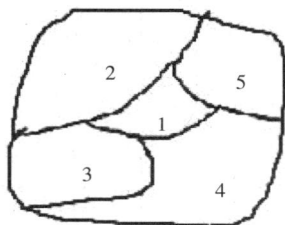

图 8-1

答案：72.

解析：由题意，选用 3 种颜色时，涂色方法为 $C_4^3 \times A_3^3 = 24$ 种．4 种颜色全用时，涂色方法为 $C_2^1 \times A_4^4 = 48$ 种，所以不同的着色方法共有 72 种．

例 4：（人教 A 版习题 1.2-B 组第 2 题）现有五种不同的颜色要对如图 8-2中的四个部分进行着色，要求有公共边的两块不能用同一种颜色，共有几种不同的着色方法？

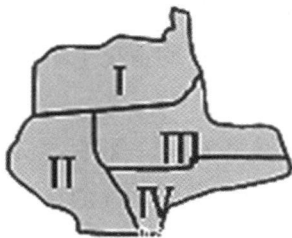

图 8-2

答案：180.

解析：根据题意，对于区域 I ，有 5 种颜色可选，即有 5 种情况；对于区域 II ，与区域 I 相邻，有 4 种颜色可选，即有 4 种情况；对于区域 III ，与区

Ⅰ和Ⅱ相邻，有 3 种颜色可选，即有 3 种情况；对于区域Ⅳ，与区域Ⅱ和Ⅲ相邻，有 3 种颜色可选，即有 3 种情况，则不同的着色方案有 $5 \times 4 \times 3 \times 3 = 180$ 种.

例 5：（2008 年高考全国卷Ⅰ理科第 12 题）如图 8-3 所示，一环形花坛分成 A，B，C，D 四块，现有 4 种不同的花供选种，要求在每块里种 1 种花，且相邻的 2 块种不同的花，则不同的种法总数为（　　　）

A. 96　　　　　B. 84　　　　　C. 60　　　　　D. 48

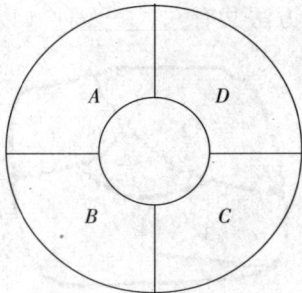

图 8-3

答案：84.

解析：分三类，种两种花时有 A_4^2 种种法；种三种花时有 $2A_4^3$ 种种法；种四种花时有 A_4^4 种种法，故共有 $A_4^2 + 2A_4^3 + A_4^4 = 84$ 种种法.

4. 错位数

错位问题也称为贝努利—欧拉装错信封问题：

某人写了 n 封信，并且在 n 个信封上写下了对应的地址. 问：把所有的信笺装错信封的情况共有多少种？欧拉（Leonhard Euler，1707—1783）对此问题曾产生过兴趣，并在与他人毫无联系的情况下解出了这个问题，他称之为"组合理论的一个妙题".

例 6：（2004 年湖北卷理科第 14 题）将标号为 1，2，…，10 的 10 个球放入标号为 1，2，…，10 的 10 个盒子内，每个盒内放一个球，则恰好有 3 个球的标号与其所在盒子的标号不一致的放入方法共有_____种.（以数字作答）

答案：240.

解析：由分步计数原理知，从 10 个盒中挑 3 个与球标号不一致，共 C_{10}^3 种挑法，每一种挑法 3 个盒子与球标号全不一致的方法为 2 种，则恰好有 3 个球的标号与其所在盒子的标号不一致的放入方法共 $2C_{10}^3 = 240$ 种.

例 7：某市高三模拟考试中出现这样一个题目：A、B、C、D 四人玩一项游戏，有 1 号、2 号、3 号、4 号四个座位. 已知 A 不坐 1 号位，B 不坐 2 号位，C 不坐 3 号位，D 不坐 4 号位，则不同的坐法结果有_____种.

答案：9.

解析：四个人的位置通过以下列表可以得出正确答案是 9.

A	B	C	D
2	1	4	3
2	3	4	1
2	4	1	3
3	1	4	2
3	4	1	2
3	4	2	1
4	1	2	3
4	3	1	2
4	3	2	1

例 8：五个瓶子都贴了标签，其中恰好贴错了三个，则错的可能情况共有_____种.

答案：20.

解析：根据题意，第一步：从五个瓶子中选出三个，共有 $C_5^3 = 10$ 种选法；第二步：将三个瓶子全部贴错，有 2 种贴法，则恰好贴错了三个瓶子的情况为 $2 \times 10 = 20$ 种.

例 9：（2013 年全国卷）如图 8 - 4 所示，一个地区分为 5 个行政区域，现给地图着色要求相邻区域不得使用同一颜色. 现有 4 种颜色可供选择，则不同的着色方法共有_____种.

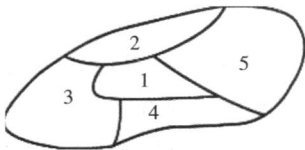

图 8 - 4

解析：分 2 类：

（1）若行政区 2，4 同色，行政区 3，5 不同色，则有 A_4^4 种着色方法. 同理，行政区 3，5 同色，行政区 2，4 不同色，有 A_4^4 种着色方法，所以共有 $2A_4^4$ 种着色方法.

（2）若行政区 2，4 同色，且 3，5 同色，则有 $C_4^3 A_3^3$ 种着色方法. 故共有 $2A_4^4 + C_4^3 A_3^3 = 72$ 种不同着色方法.

体会：本题是以四色定理（世界三大数学猜想之一，又称四色猜想）为背景，以图形为依托的涂色问题，考查的是排列组合知识的实际应用.

链接练习：

1. （2017 届重庆市高三上学期第一次模拟）我国古代数学算经十书之一的《九章算术》有一衰分问题：今有北乡八千一百人，西乡七千四百八十八人，南乡六千九百一十二人，凡三乡，发役三百人，则北乡遣（　　　）

A. 104 人　　　　　B. 108 人　　　　　C. 112 人　　　　　D. 120 人

解析：由题设可知，这是一个分层抽样的问题，其中北乡可抽取的人数为
$300 \times \dfrac{8100}{8100 + 7488 + 6912} = 300 \times \dfrac{8100}{22500} = 108$，应选答案 B.

2. （2018 湖南五市十校教研教改联考文数 4）齐王与田忌赛马，田忌的上等马优于齐王的中等马，劣于齐王的上等马，田忌的中等马优于齐王的下等马，劣于齐王的中等马，田忌的下等马劣于齐王的下等马. 现从双方的马匹中随机选一匹进行一场比赛，则田忌的马获胜的概率为（　　　）

A. $\dfrac{1}{3}$　　　　B. $\dfrac{2}{3}$　　　　C. $\dfrac{1}{4}$　　　　D. $\dfrac{3}{4}$

解析：设齐王的三匹马分别记为 a_1，a_2，a_3. 田忌的三匹马分别记为 b_1，b_2，b_3，齐王与田忌赛马，其情况有：(a_1, b_1)，(a_1, b_2)，(a_1, b_3)，(a_2, b_1)，(a_2, b_2)，(a_2, b_3)，(a_3, b_1)，(a_3, b_2)，(a_3, b_3)，共 9 种；其中田忌的马获胜的有 (a_2, b_1)，(a_3, b_1)，(a_3, b_2) 共 3 种，则田忌获胜的概率为 $\dfrac{3}{9} = \dfrac{1}{3}$，故选 A.

3. 给 n 个自上而下相连的正方形着黑色或白色. 当 $n \leqslant 4$ 时，在所有不同的着色方案中，黑色正方形互不相邻的着色方案如图 8 - 5 所示：由此推断，当 $n = 6$ 时，黑色正方形互不相邻的着色方案共有____种，至少有 2 个黑色正方形相邻的着色方案有____种.（结果用数字表示）

解析：根据题意，由于给 n 个自上而下相连的正方形着黑色或白色. 当 $n \leqslant$

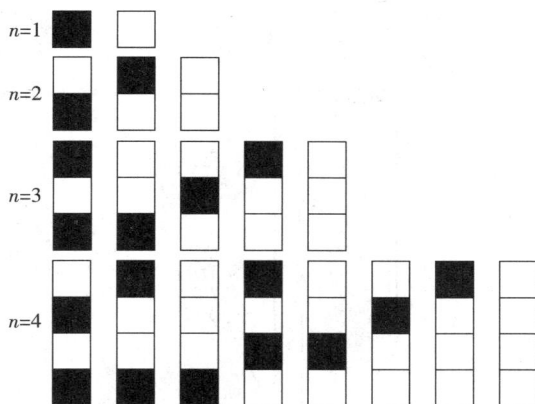

图 8－5

4 时，在所有不同的着色方案中，黑色正方形互不相邻的所有着色方案规律为 1，2，5，10，由此推断，依次加上 7，再加 9，可知当 $n \leq 4$ 时，黑色正方形互不相邻的着色方案共有 21 种，至少有两个黑色正方形相邻的着色方案有 43 种. 故答案为 21，43.

　　4.（广西贵港市 2018 届高三 12 月联考文数、理数 2）《九章算术》勾股章有一"引葭赴岸"问题："今有池方一丈，葭生其中央，出水两尺，引葭赴岸，适与岸齐. 问水深、葭长各几何."其意思是：有一水池一丈见方，池中心生有一颗类似芦苇的植物，露出水面两尺，若把它引向岸边，正好与岸边齐（如图 8－6 所示），问水有多深，该植物有多长？其中一丈为十尺. 若从该葭上随机取一点，则该点取自水下的概率为（　　　　）

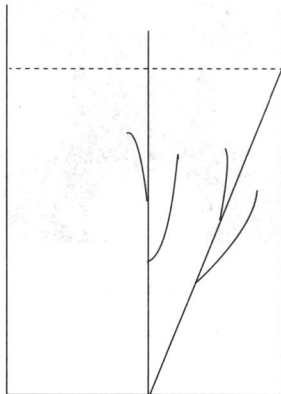

图 8－6

A. $\dfrac{21}{29}$ B. $\dfrac{23}{29}$ C. $\dfrac{11}{12}$ D. $\dfrac{12}{13}$

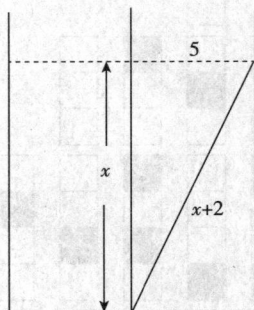

图 8 – 7

解析： 如图 8 – 7 所示，设水深为 x 尺，由题意可得，$(x+2)^2 = x^2 + 5^2$，求解关于实数 x 的方程可得，$x = \dfrac{21}{4}$，即水深为 $\dfrac{21}{4}$ 尺，又葭长为 $\dfrac{29}{4}$ 尺，则所求问题的概率值为 $P = \dfrac{21}{29}$. 本题选择 A 选项.

5.（河南省 2018 届高三 12 月联考文数，理数 3）如图 8 – 8 所示是一边长为 8 的正方形苗圃图案，中间黑色大圆与正方形的内切圆共圆心，圆与圆之间是相切的，且中间黑色大圆的半径是黑色小圆半径的 2 倍. 若在正方形图案上随机取一点，则该点取自白色区域的概率为（　　　）

图 8 – 8

A. $\dfrac{\pi}{64}$ B. $\dfrac{\pi}{32}$ C. $\dfrac{\pi}{16}$ D. $\dfrac{\pi}{8}$

解析： 由题意得，正方形的内切圆的半径为 4，中间黑色大圆的半径为 2，黑色小圆的半径为 1，所以白色区域的面积为 $\pi \times 4^2 - \pi \times 2^2 - 4 \times \pi \times 1^2 = 8\pi$，由几何概型概率公式可得所求概率为 $\dfrac{8\pi}{8^2}=\dfrac{\pi}{8}$. 选 D.

6. ［甘肃省高台县第一中学 2018 届高三上学期第五次模拟（12 月）文数、理数 5］2017 年 8 月 1 日是中国人民解放军建军 90 周年，中国人民银行为此发行了以此为主题的金银纪念币. 如图 8－9 所示是一枚 8 克圆形金质纪念币，直径 22mm，面额 100 元. 为了测算图中军旗部分的面积，现用 1 粒芝麻向硬币内投掷 100 次，其中恰有 30 次落在军旗内，据此可估计军旗的面积大约是(　　)

图 8－9

A. $\dfrac{726\pi}{5}\text{mm}^2$　　　B. $\dfrac{363\pi}{10}\text{mm}^2$　　　C. $\dfrac{363\pi}{5}\text{mm}^2$　　　D. $\dfrac{363\pi}{20}\text{mm}^2$

解析： 由已知圆形金质纪念币的直径为 22mm，得半径 $r=11$mm，则圆形金质纪念币的面积为 $\pi r^2=\pi\times 11^2=121\pi$，$\therefore$ 估计军旗的面积大约是 $121\pi\times\dfrac{30}{100}=\dfrac{363\pi}{10}\text{mm}^2$. 故选 B.

7. （2018 全国一卷理数 10）图 8－10 来自古希腊数学家希波克拉底所研究的几何图形. 此图由三个半圆构成，三个半圆的直径分别为直角三角形 ABC 的斜边 BC，直角边 AB，AC. △ABC 的三边所围成的区域记为 Ⅰ，黑色部分记为 Ⅱ，其余部分记为 Ⅲ. 在整个图形中随机取一点，此点取自 Ⅰ，Ⅱ，Ⅲ 的概率分别记为 P_1，P_2，P_3，则（　　）

A. $P_1=P_2$　　　　B. $P_1=P_3$　　　　C. $P_2=P_3$　　　　D. $P_1=P_2+P_3$

解析： 首先设出直角三角形三条边的长度，根据其为直角三角形，从而得到三边的关系，之后应用相应的面积公式求得各个区域的面积，然后根据其数值大小确定其关系，再利用面积型几何概型的概率公式确定出 P_1，P_2，P_3 的关系，从而求得结果.

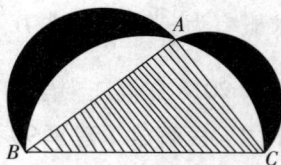

图 8 – 10

详解：设 $AC = b$，$AB = c$，$BC = a$，则有 $b^2 + c^2 = a^2$，从而可以求得 $\triangle ABC$ 的面积为 $S_1 = \dfrac{1}{2}bc$，黑色部分的面积为 $S_2 = \dfrac{1}{2}\pi \cdot \left(\dfrac{c}{2}\right)^2 + \dfrac{1}{2}\pi \cdot \left(\dfrac{b}{2}\right)^2 -$

$\left[\dfrac{1}{2}\pi \cdot \left(\dfrac{a}{2}\right)^2 - \dfrac{1}{2}bc\right] = \dfrac{1}{2}\pi\left(\dfrac{c^2}{4} + \dfrac{b^2}{4} - \dfrac{a^2}{4}\right) + \dfrac{1}{2}bc = \dfrac{1}{2}\pi \cdot \dfrac{c^2 + b^2 - a^2}{4} + \dfrac{1}{2}bc = \dfrac{1}{2}$

bc，其余部分的面积为 $S_3 = \dfrac{1}{2}\pi \cdot \left(\dfrac{a}{2}\right)^2 - \dfrac{1}{2}bc = \dfrac{\pi a^2}{8} - \dfrac{1}{2}bc$，所以有 $S_1 = S_2$，根据面积型几何概型的概率公式，可以得到 $P_1 = P_2$，故选 A．

点睛：该题考查的是面积型几何概型的有关问题，题中需要解决的是概率的大小，根据面积型几何概型的概率公式，将比较概率的大小问题转化为比较区域面积的大小，利用相关图形的面积公式求得结果．

8.（2018 全国二卷理数 8）我国数学家陈景润在哥德巴赫猜想的研究中取得了世界领先的成果．哥德巴赫猜想是"每个大于 2 的偶数可以表示为两个素数的和"，如 $30 = 7 + 23$．在不超过 30 的素数中，随机选取两个不同的数，其和等于 30 的概率是（　　）

A. $\dfrac{1}{12}$ B. $\dfrac{1}{14}$ C. $\dfrac{1}{15}$ D. $\dfrac{1}{18}$

解析：先确定不超过 30 的素数，再确定两个不同的数的和等于 30 的取法，最后根据古典概型概率公式求出概率．

详解：不超过 30 的素数有 2，3，5，7，11，13，17，19，23，29，共 10 个，随机选取两个不同的数，共有 $C_{10}^2 = 45$ 种方法，因为 $7 + 23 = 11 + 19 = 13 + 17 = 30$，所以随机选取两个不同的数，其和等于 30 的有 3 种选法，故概率为 $\dfrac{3}{45}$

$= \dfrac{1}{15}$，选 C．

点睛：古典概型中基本事件数的探求方法：

（1）列举法．

（2）树状图法：适合于较为复杂的问题中的基本事件的探求．对于基本事件有"有序"与"无序"区别的题目，常采用树状图法.

（3）列表法：适用于多元素基本事件的求解问题，通过列表把复杂的题目简单化，抽象的题目具体化.

（4）排列组合法：适用于限制条件较多且元素数目较多的题目.

二、二项式定理

例1. 中国南北朝时期的著作《孙子算经》中，对同余除法有较深的研究. 设 a，b，m（$m>0$）为整数，若 a 和 b 被 m 除得的余数相同，则称 a 和 b 对模 m 同余，记为 $a=b$（$b \bmod m$）. 若 $a=C_{20}^0+C_{20}^1 \cdot 2+C_{20}^2 \cdot 2^2+\cdots+C_{20}^{20} \cdot 2^{20}$，$a=b$（$b \bmod 10$），则 b 的值可以是（　　）

A. 2011　　　　　B. 2012　　　　　C. 2013　　　　　D. 2014

解析： 因为 $a=(1+2)^{20}=3^{20}=9^{10}=(10-1)^{10}=C_{10}^0 10^{10}-C_{10}^1 10^9+\cdots-C_{10}^9 10+1$，所以 a 被 10 除得的余数为 1，而 2011 被 10 除得的余数是 1，故选 A.

例2. 我国著名数学家周密的《鬼谷算》中有一道题目："今有物不知其数，三三数之剩二，五五数之剩三，七七数之剩二，问物几何？"翻译成现代文为：若一个自然数 n 满足被 3 除余 2，被 5 除余 3，被 7 除余 2，则所有满足条件的 n 的取值集合为_____.

解析： 这个自然数除以 3 余 2，除以 7 余 2，所以这个数除以 21 也余 2；再除以 5 余 3，所以最小的数为 23，因为 $3 \times 5 \times 7=105$，所以自然数 n 可以表示为 $n=23+105k$，$k \in \mathbf{N}$.

例3. 在杨辉三角形中，从第 2 行开始，除 1 以外，其他每一个数值是它上面的两个数值之和，该三角形数阵开头几行如图 8-11 所示.

```
第0行                    1
第1行                  1   1
第2行                1   2   1
第3行              1   3   3   1
第4行            1   4   6   4   1
第5行          1   5   10  10   5   1
第6行        1   6   15  20  15   6   1
```

图 8-11

（1）在杨辉三角形中是否存在某一行，使该行中三个相邻的数之比是 3：4：5？若存在，试求出是第几行；若不存在，请说明理由；

（2）已知 n，r 为正整数，且 $n \geq r+3$. 求证：任何四个相邻的组合数 C_n^r，C_n^{r+1}，C_n^{r+2}，C_n^{r+3} 不能构成等差数列.

解析：

（1）存在. 杨辉三角形的第 n 行由二项式系数 C_n^k，$k=0$，1，2，…，n 组成. 若第 n 行中有三个相邻的数之比为 3：4：5，则 $3n-7k=-3$，$4n-9k=5$，解得 $k=27$，$n=62$. 即第 62 行有三个相邻的数 C_{62}^{26}，C_{62}^{27}，C_{62}^{28} 的比为 3：4：5.

（2）证明：若有 n，r（$n \geq r+3$），使得 C_n^r，C_n^{r+1}，C_n^{r+2}，C_n^{r+3} 成等差数列，则 $2C_n^{r+1}=C_n^r+C_n^{r+2}$，$2C_n^{r+2}=C_n^{r+1}+C_n^{r+3}$，

即

$$\frac{2 \cdot n!}{(r+1)!(n-r-1)!} = \frac{n!}{r!(n-r)!} + \frac{n!}{(r+2)!(n-r-2)!},$$

$$\frac{2 \cdot n!}{(r+2)!(n-r-2)!} = \frac{n!}{(r+1)!(n-r-1)!} + \frac{n!}{(r+3)!(n-r-3)!},$$

所以 $\dfrac{2}{(r+1)(n-r-1)} = \dfrac{1}{(n-r-1)(n-r)} + \dfrac{1}{(r+2)(r+1)},$

$$\frac{2}{(r+2)(n-r-2)} = \frac{1}{(n-r-2)(n-r-1)} + \frac{1}{(r+2)(r+3)},$$

整理得

$n^2 - (4r+5)n + 4r(r+2) + 2 = 0,$

$n^2 - (4r+9)n + 4(r+1)(r+3) + 2 = 0,$

两式相减得 $n=2r+3$，所以 C_{2r+3}^r，C_{2r+3}^{r+1}，C_{2r+3}^{r+2}，C_{2r+3}^{r+3} 成等差数列，

由二项式系数的性质可知，$C_{2r+3}^r = C_{2r+3}^{r+3} < C_{2r+3}^{r+1} = C_{2r+3}^{r+2}$，

这与等差数列的性质矛盾，从而要证明的结论成立.

例 4.（2006 湖北理科卷）将杨辉三角中的每一个数 C_n^r 都换成分数 $\dfrac{1}{(n+1)C_n^r}$，就得到一个如图 8-12 所示的分数三角形，称为莱布尼茨三角形.

从莱布尼茨三角形可以看出 $\dfrac{1}{(n+1)C_n^r} + \dfrac{1}{(n+1)C_n^x} = \dfrac{1}{nC_{n-1}^r}$，其中 $x=$ _____.

令 $a_n = \dfrac{1}{3} + \dfrac{1}{12} + \dfrac{1}{30} + \dfrac{1}{60} + \cdots + \dfrac{1}{nC_{n-1}^2} + \dfrac{1}{(n+1)C_n^2}$，则 $\lim\limits_{n \to \infty} a_n =$ _____.

$$\frac{1}{1}$$

$$\frac{1}{2} \qquad \frac{1}{2}$$

$$\frac{1}{3} \qquad \frac{1}{6} \qquad \frac{1}{3}$$

$$\frac{1}{4} \qquad \frac{1}{12} \qquad \frac{1}{12} \qquad \frac{1}{4}$$

$$\frac{1}{5} \qquad \frac{1}{20} \qquad \frac{1}{30} \qquad \frac{1}{20} \qquad \frac{1}{5}$$

$$\frac{1}{6} \qquad \frac{1}{30} \qquad \frac{1}{60} \qquad \frac{1}{60} \qquad \frac{1}{30} \qquad \frac{1}{6}$$

$$\frac{1}{7} \qquad \frac{1}{42} \qquad \frac{1}{105} \qquad \frac{1}{140} \qquad \frac{1}{105} \qquad \frac{1}{42} \qquad \frac{1}{7}$$

……

图 8 - 12

解析:

（1）对比杨辉三角的性质，可知莱布尼茨三角形中每一行中的任一数都等于其"脚下"两数的和，故此时 $x = r + 1$.

（2）实质上是求莱布尼茨三角形中从第三行起每一行的倒数第三项的和，

$a_n = \dfrac{1}{3C_2^0} + \dfrac{1}{4C_3^1} + \dfrac{1}{5C_4^2} + \cdots + \dfrac{1}{nC_{n-1}^{n-3}} + \dfrac{1}{(n+1)\ C_n^{n-2}}$. 根据第一问所推出的结论只需

在原式基础上增加一项 $\dfrac{1}{(n+1)C_n^{n-1}}$，则由每一行中的任一数都等于其"脚下"

两数的和，结合给出的数表可逐次向上求和为 $\dfrac{1}{2}$，故 $a_n = \dfrac{1}{2} - \dfrac{1}{(n+1)\ C_n^{n-1}}$，从

而 $\lim\limits_{n \to \infty} a_n = \lim\limits_{n \to \infty}\left[\dfrac{1}{2} - \dfrac{1}{(n+1) C_n^{n-1}} \right] = \dfrac{1}{2}$.

该题有数学史背景，莱布尼茨（Gottfriend Wilhelm von Leibniz，1646 - 1716）是德国数学家、哲学家，同英国数学家、物理学家、天文学家牛顿并称为微积分学的创始人. 它所创造的微分和积分符号一直沿用至今. 杨辉是中国南宋末年的一位杰出的数学家、数学教育家，杨辉三角是杨辉的一大重要研究成果，它的许多性质与组合数的性质有关，杨辉三角中蕴含了许多优美的规律. 高中生对这些大数学家应当有所了解.

例 5.（2004 上海春季卷第 11 题）如图 8 - 13 所示，在由二项式系数所构成的杨辉三角形中，第 n 行中从左至右第 14 与第 15 个数的比为 2：3. 则 n 的

值为_____.

<pre>
第 0 行   1
第 1 行   1 1
第 2 行   1 2 1
第 3 行   1 3 3 1
第 4 行   1 4 6 4 1
第 5 行   1 5 10 10 5 1
    ……   ……
</pre>

图 8 – 13

答案：34.

解析：观察可知第 n 行从左至右第 14 与第 15 个数分别为 C_n^{13} ，C_n^{14} ，

所以 C_n^{13} ： $C_n^{14} = 2$ ： 3 ，则 $\dfrac{14}{n-13} = \dfrac{2}{3}$ ，所以 $n = 34$.